# 中国の福祉コミュニティ形成

ガバナンスと住民参加の視点からみる高齢者ケア

内山智尋

明石書店

# まえがき

　中国は 2000 年に高齢化社会に突入し、国家統計局により 2021 年 5 月に発表された第 7 回全国人口センサスのデータによると、65 歳以上の高齢化率は 13.5％と依然「高齢化」の段階に留まってはいるものの、高齢者人口は約 1.9 億人とその規模は大きい。人口構成においては、労働人口が 2012 年から減少し続け、経済成長や税収の増加を制約する要因となっており、2016 年には一人っ子政策[1]が廃止されたものの、出生数も期待したほど回復していない。このように、人口構造が大きく変化するなかで、関連する機関や組織の改革、社会保障システムやサービスシステムに関する政策や条例、通知を発出し、現在急ピッチで社会環境の整備を進めている段階である。特に、近年は高齢化対策のなかで「社区[2]」（日本の地域コミュニティに相当）の果たす役割に期待が高まっている。具体的には、社区におけるサービス体制の構築、住民による互助的機能の強化、ガバナンス体制の構築などである。その背景には、いくつかの理由が考えられるが、その一つには日本と同様に高齢化により逼迫する国の社会保障費の問題がある。財政収入の減少が懸念されるなかで、医療、年金といった既存の社会保険に加え、導入を検討している介護保険という新たな財政プレッシャーも重くのしかかる。このような状況のなか、社区を中心としたサポート体制の構築や住民による主体的な課題解決を期待し、社区における協働を通じて、力のある社区形成[3]を目指し、国や地方政府の公的給付の抑制を実現したいという狙いがある。

　それでは、実際に社区の現状はどうであろうか。特に近年は在宅ケアを推進するために、社区に養老サービスステーション[4]を設立したり、街道[5]レベルに介護センターを建設するなど、地域単位でサービス提供の充実化をはかっている。しかしながら、認知症の人は養老ステーションのサービスが利用できず、中重度の障害を抱える人たちへのサービスは量的にも質的にも充分ではないといった課題も存在する。

また、中国政府は、2016年の13次5カ年計画のころより、社区におけるガバナンスのあり方や住民参加などに言及し、高齢化対策においてもその必要性を述べている。しかしながら、その具体的な方法は示されておらず、社区における関係機関の連携や住民を巻き込んだ活動は積極的に展開されているとはいえない。政府の発表する中間報告書では、社区における活動が順調に展開されその効果は現れてきているとしているが、実態についての詳細は明らかにされていない。

　社区の高齢者対策事業の推進において、政府は民間企業を誘致し、「公設民営型」で運営を企業に任せるといったスタイルを主にとっている。しかしながら、廉価でのサービス提供を余儀なくされる民間企業にとり、経営は非常に苦しいものであり、経営困難に陥る事業者もいるという。また、街道介護センターと社区養老ステーションの棲み分けが明確でないため、本来は連携して事業を推進すべきところであるが、同様のサービスを重複して提供していることもあり、協力体制の整備は進んでいるとはいえない。

　このように中国の高齢化対策の一環として進められる社区の高齢者ケア事業の推進や社区形成は、政策の方向性や構想は住民の利益を充分に考慮したものであるといえるものの、その方法や実施体制において多くの困難を抱えていることがうかがえる。

　そこで、中国政府は海外の経験から学び、自国の制度・政策を打ち出そうとしており、高い関心を寄せている国の一つが日本である。日本は1970年に高齢化社会に突入し、これまで数十年にわたる年月のなかで、さまざまな試みを行い、現在も法律の改正等を繰り返しながら常に最適な方法を模索し続けている。そんな日本のこれまでの経験から失敗も含めて学ぼうとする傾向が、中国の関係省庁やシンクタンク、研究者、民間企業などの間でも非常に高まっている。

　著者は長年にわたり中国において国際協力機構（JICA）が実施するさまざまなプロジェクト活動に関わってきた。なかでも、2018年からは高齢化対策プロジェクトの業務を担当し、中国側の高齢化対策事業を推進する部署や人材育成機関等に対し、日本の保険制度や自治体の取り組みなどを紹介するなど連携を行ってきた経緯がある。特に、介護保険制度や自立支援といった日本独特の

事業内容への関心は非常に高かったことを記憶している。

　それでは、高齢化対策の長年にわたる経験を有する日本の現状はどうであろうか。詳細は第1章で説明するが、日本では岡村重夫を代表とする研究者たちにより1980年代から「福祉コミュニティ」の研究が行われてきた。また、これまでの地域福祉や福祉コミュニティの研究の成果もあり、さまざまな関連する法制度が生み出されてきたといえる。特に、2000年の社会福祉法では地域福祉計画の策定が法的に位置づけられ、その後の介護保険の施行にともない推進された地域包括ケアも幾度にもわたり見直しが行われ現在に至っている。2018年には社会福祉法が改正され、「我が事、丸ごと」や「地域共生社会」[6] の考え方に基づき、住民の強い主体性や連携・協働を通じた地域づくりも進められている。このように、法整備が進む一方で、経済の衰退やグローバル化、働き方の変化などさまざまな社会的要因により、新しい課題も次々に生まれており、高齢者の孤立死、子どもへの虐待、引きこもり、自殺、いじめ、非正規雇用、生活困窮者等の課題が深刻化している。昨今の厳しい雇用情勢による就労機会の喪失や経済的自立の難しさなどから周囲に居場所やつながりをもちにくく社会的孤立に陥るといった社会的構造の課題も存在する。

　実際に著者が以前名古屋市役所に所属し、コミュニティサポーターとして地域活動をしていた際にも、市営団地における高齢者の孤立の問題、多文化共生の課題、産後に孤立しやすい母親の問題などさまざまな課題に関する相談を受けた。そして、これらについて地域の自治会長や民生・児童委員の方たちと何度も打ち合せを行い、時には行政や団体と連携しながら、解決のための仕掛けづくりに奔走した。

　このように、日本も地域福祉のさらなる充実化を目指している途上であり、時代の変化に応じた福祉コミュニティのあり方やそれを実現するための方法論の明確化など解決しなければならない課題も多い。しかしながら、日本のこれまでの経験や教訓から抽出されるさまざまな要素は、これから社区を拠点とした在宅介護を推進し、豊かな社区形成を目指す中国にとり、参考になるヒントや示唆が多く含まれているといえる。当然、両国の政治体制や国情の違いにより、その規模や自治のあり方などに相違はあるものの、人間の生活は、常に地域コミュニティを拠点として成り立ち、特に人生の晩年期においては、地域コ

ミュニティを基盤にさまざまな関係性のもとに繰り広げられるため、地域コミュニティを如何に私たち自身の住みやすい環境にするかという目標は共通していると思われる。本書は中国も日本と同様に地域福祉、つまり中国でいう社区福祉を発展させ、福祉コミュニティ形成を目指しているという前提にたち、その実現可能性について明らかにすると同時に、今後のあり方について提言を行うことを目的としている。

　本書は、序章と終章を含む第9章で構成し、まず序章では中国の政策的背景に基づき、そこからみえてくる社区における高齢者ケアの方向性や将来像を描きながら本書の問題意識や意義について説明する。続く第1部（第1章～第3章）では、福祉コミュニティの理論的な議論に基づき、ロジック・モデルの考え方を活用し、実践的な枠組みであるプロジェクト・デザイン・マトリックス（PDM）の作成を試みる。さらに、第2部（第4章～第7章）では、導き出されたPDMを活用しながら中国北京市での現地調査を実施し、その取り組みを評価したうえで、中国社区における高齢者ケアに対する提言を導き出す。最後に、終章では、中国が福祉コミュニティ形成の実現にむけて取り組むべきことに対し提言を行う。

　本書は、同志社大学大学院社会学研究科の博士学位論文『中国社区の高齢者ケアにおける福祉コミュニティ形成の可能性に関する研究——ガバナンスと住民参加に注目して』を加筆修正したものである。外国人でありながら、またコロナ禍という状況のなか、さまざまな方法を駆使して実現した現地調査等を通じて明らかにした高齢者ケアの実態に基づいて書かれたものである。インタビューを通じて知り得た現場の生の声からは、苦悩の様子が垣間みえる。そして、明らかになった実態と中国政府が示す高齢化対策の方向性の乖離に疑問符を打ちながらも、福祉コミュニティ形成の可能性にも言及している。これからの中国における地域福祉のあり方について、日本の事例等も参考にしながら提言を行う本書は、福祉分野にとどまらず幅広い分野の中国研究者にも是非手に取っていただきたい。中国の経験から日本が学べる取り組みもあり、互いに学びながら福祉コミュニティの形成を共に推進していければ幸いである。

まえがき

## ❖ 注

1） 1979 年より実施された人口抑制政策。農村や少数民族には例外が設けられたが、一組の夫婦に原則子どもは一人。

2） 民政部が 2000 年に出した「全国における都市部社区形成の推進に関する意見」においては、「社区」を「一定地域の範囲内に住む人々によって構成される社会生活の共同体である」と定義している。

3） 中国語では「社区建設」と表現する。

4） 近年、北京市の社区に建設されており、高齢者にサービスを提供している。詳細は第 4 章で説明している。

5） 街道は社区のうえ、市の下に位置する最も住民に近い行政単位。

6） 厚生労働省により 2017 年に打ち出された目指すべき社会の形。具体的には、「制度・分野ごとの「縦割り」や「支え手」「受け手」という関係を超えて、地域住民や地域の多様な主体が「我が事」として参画し、人と人、人と資源が世代や分野を超えて「丸ごと」つながることで、住民一人ひとりのくらしと生きがい、地域を共につくっていく社会（平成 29 年 2 月 7 日厚生労働省「我がこと・丸ごと」地域共生社会実現本部決定）」となっている。

7

# 目　次

まえがき　3

## 序　章　地域福祉の視点からみる中国の現状

第1節　中国社会を理念・実践・技術の三つのレベルからみる　13
第2節　本書の目的と意義　17
第3節　本書における研究方法　20

## 第1部　福祉コミュニティのかたちとロジック・モデル

## 第1章　福祉コミュニティ形成の必要性とそのかたち
　　──私たちが描く将来の地域社会はどんな世界か？

第1節　今、なぜ福祉コミュニティをとりあげるのか　24
第2節　日本の福祉コミュニティ論　25
第3節　福祉コミュニティとソーシャルクオリティ　36
第4節　福祉コミュニティのかたら　45

## 第2章　福祉コミュニティに必要なガバナンスと住民参加
　　──誰と一緒に協働し、モチベーションを如何に高めるか？

第1節　福祉コミュニティにおけるガバナンス　51
第2節　福祉コミュニティにおける住民参加　58

## 第3章　福祉コミュニティのロジック・モデル
　　　　──何を目指してどう行動するか、その方法を問う

　　第1節　福祉コミュニティの理論から活動展開へ　73
　　第2節　福祉コミュニティのデザイン・マトリックス　84


# 第2部　中国における福祉コミュニティ形成の可能性
## 日本との比較を通じて


## 第4章　中国の社区政策の変遷と北京市社区の養老サービス
　　　　──変化する地域社会と住民の位置づけ

　　第1節　社区政策の動向からみる中国の体制　98
　　第2節　在宅社区養老サービス推進のための取り組み　110
　　第3節　中国式福祉コミュニティ像　117


## 第5章　中国北京市社区における高齢者ケアの事例分析
　　　　──進むITと変わらぬ上意下達の管理方式

　　第1節　調査方法　121
　　第2節　現地調査結果　129
　　第3節　調査結果からみる特徴や課題　147
　　第4節　課題に対する考察　153


## 第6章　日本の地域福祉の取り組みからみる特徴や課題
　　　　──整備される体制とマンネリ化する住民参加

　　第1節　調査対象地域の選出方法と地域概要　162
　　第2節　事例分析結果　164

第3節　分析結果からみる特徴と課題　177

第4節　課題に対する考察　183


## 第7章　中国の福祉コミュニティ形成の可能性と日本からの示唆
### ──萌芽を育てるために必要なプラットフォームづくり

第1節　PDM指標からみる中国と日本の相違点　188

第2節　日本の福祉コミュニティ研究や事例分析からの示唆　193

第3節　分析からみえる中国の福祉コミュニティ形成の可能性　198


## 終　章　中国の福祉コミュニティ形成の実現にむけて
### ──求められる管理方式の転換とボトムアップ体制

第1節　2016年からの進展　201

第2節　中国の福祉コミュニティ形成にむけての提言　204

第3節　中国の福祉コミュニティ形成の実現への道　209

第4節　本研究の限界　210


参考文献　212

ヒアリング調査用紙　218

あとがき　226

# 序　章

## 地域福祉の視点からみる
## 中国の現状

### 第1節　中国社会を理念・実践・技術の
### 　　　三つのレベルからみる

　地域福祉の展開を論じる際に、野口は、大きく分けて、①哲学・思想レベル、②政策・実践レベル、③方法・技術レベルの三つの場面があるとしている（野口 2016：14）。具体的には、①は根底にある理念に関わること、②はガバナンスや協働に関わること、③は計画に基づく活動の実施やマネジメントといった視点である。中国において、社区形成、社区における高齢化対策の実践、そして、その方法に関する研究がこれまでどの程度実施されてきたかをみることで、今後さらなる検討が必要な視点が明らかになると考える。

#### 理念レベル──社区のあり方について

　社区に関する先行研究は、これまでその多くは社会学的観点や政治学的な観点から論じられ、1949 年の建国後からの社区形成の歴史的な変遷の経緯が中心であった。特に、1978 年からの改革開放により市場経済に移行してきた過程で、中国の都市部の末端においてそれまで機能していた「単位」[1]による管理が限界に達し、新たな管理システムとして行政の最小単位である街道弁事処[2]（以下、街道と記す）とその下にある住民組織である居民委員会[3]を担い手

*13*

として社区形成を進めることになった経緯を説明したものは多くある。例をあげると、丁は脱単位化の流れのなかで社区の形成を位置づけ、都市社会の管理体制や末端行政管理の役割が街道や社区へと移り、生活圏である社区に焦点をあてた研究の重要性を述べている（丁 1997）。また、サービスに関しては、唐などが、単位から切り離されるサービスが社区により提供される実態や住民の社区に対する依頼やニーズが高まることで社区サービス施策が必要になる経緯などを論じている（唐 1990）。楊は、社区において NPO などの団体が徐々に形成されサービス提供の役割を一部担っていることなどについて明らかにしており（楊 2001）、一連の研究をみると、社区変遷の歴史的経緯や実情を説明する内容が主といえる。

　中国の高齢化対策に関連した社区の研究においては、「老有所養（扶養）」「老有所医（医療）」「老有所為（社会参加・生きがい）」「老有所学（生涯学習）」「老有所楽（趣味娯楽）」という高齢者の五つの権利の保障をもとに、中国の各地の社区で実施される事例を高く評価する論文が多い。しかしながら、そこから抽出される成功要素を分析したものや、評価するような視点はなく、事例紹介に留まっているのが現状である。

　また、最近の論文では、居民委員会の業務負担がますます重くなる実態を批判的に論じたものや、高齢者の互助活動の必要性を論じるもの、社区における医療と介護の結合の重要性を述べるものなど、その内容は幅広いものになってきている。李は、例えば、社区において関連する NPO などの社会組織の参入が不足していることやサービスの電子化が進んでも、ソフトの人材育成が追いついていないこと、サービスの調整業務や社会資源の活用などを担当する組織の欠如など、高齢化対策が遅れていることを批判的に説明しているものの（李 2019）、具体的な対策については掘り下げて論じていない。向は社区形成を困難にしている原因として、社区の「異質性」と「公共性」の間に存在する矛盾をあげ、思想、経済状況、文化レベル、社会的地位などの背景の違うさまざまな人が住むことで、異質性が公共性を侵害していると指摘している（向 2019）。ただ、その解決策としてエリートの育成やサービスの充実、社区の組織による協働などをあげているが、異質性を公共性のために同一化していくという方法は、社区形成の本質的な課題解決にはつながらないと考える。

序　章　地域福祉の視点からみる中国の現状

　これまでの先行研究から気づくことは、まず、高齢化対策としての社区形成をどのような理念のもと実施していくのか、といった議論がほとんどないということである。また社区の主役ともいえる住民の視点が弱く、住民の直面する課題やニーズはどのように把握されているのか、その実態はどうなのか、末端行政である街道はどのような地域づくりを構想しているのか、などといった包括的な観点がほとんど取りあげられてこなかったといえる。すなわち、常に行政の側に視点をおいた研究が行われ、地域コミュニティの形成という観点が看過されてきたといえる。この点に関し、朱は1980年代以降から活発になったこれらの社区研究を総括し、都市社会の管理体制や社区サービス、地域組織に関する研究は比較的多くあるものの、「地域社会の形成に関する研究」が空白であることを指摘している（朱 2008）。街道や社区にはプロパガンダ的なスローガンが多くみられ、それはどの地域にも共通した共産党が求める理想の姿である。それぞれの地域が実情に応じどのような社区形成を目指しているのか、地域の多様性や複雑性を反映した社区形成のあり方に関する研究が必要であると考える。

### 実践レベル──ガバナンス、住民参加について

　2017年に国務院から出された「社区のガバナンスを強化、充実させる意見」[4]において、住民の参加を通じた社区形成の原則を明記しており、そこには住民の自治によるボランティア活動や互助によるコミュニティ形成の重要性について述べている。社区の形成を強化し、住民の参加を得ながら社区におけるサービスを充実させていくという方向性から、高齢化問題を社区においてできるだけ解決しようとする政府の意図が読み取れる。そして、研究者の間でも、ガバナンスを「共治」や「合治」とよび、住民の支え合いや参加によってコミュニティ内における結束力を高め、社会全体の発展を目指すことが重要であるという政府の目標に賛同するものが多いが、その具体的方法については示されていない。

　住民参加についてガバナンスの観点から論じたものは比較的多い。ガバナンスは中国では一般的に「治理」といわれており、多くの研究者は社区の変遷を「社区管理」から「社区治理」や「社区運営」へ発展していくと捉えてい

*15*

る。中国のガバナンスが発展段階にあり、管理から抜けきれない現状について指摘している例もある（劉2020）。例えば、中南大学の傅教授は中国の伝統的なトップダウンの管理体制の問題を早急に解決する必要性を強調している（傅2018）。一方で、張などは発展経緯を、改革開放後の市場化導入による「社区サービス時期」、2000年からの社区の管理体制と社区のあり方を再考する「社区形成時期」、そして2010年から現在に至る民生重視の「社区福祉の段階」と分けており、政府の方針が多元的主体によるボトムアップ式の社区形成を目指していることを指摘している（張2018）。まさに社区福祉、つまり日本でいう地域福祉に近い概念のもと住民参加の社区形成の実践段階に来ていることを論じている。しかしながら、その実態について行政の影響力や社区の決定権、ボトムアップの意味するところなどは明確に論じられていない。劉は社区居民委員会の機能に関する研究のなかで、社区は本来住民のニーズを汲み取り、それに応えるのが仕事であるとしているが、実際は上層部からの治安や防災などさまざまな指示による作業に追われ、果たすべき役割を果たせないでいるとし、行政の煩雑な事務作業を減らすべきだと主張している（劉2018）が、それだけでは本質的な問題解決にはつながらないであろう。

社区居民委員会を住民自治組織と定義しながらも住民参加が促進されない原因を、行政機能の強さやガバナンスの未熟さに求める議論は多いが、それでは組織の構造的な課題は何であり、どのような対策が求められるかなどをわかりやすく示した先行研究はあまりないのが実情といえる。

### 方法・技術レベル──地域マネジメントについて

地域マネジメントの考え方はこれまでのトップダウンのガバナンス体制の影響もあり中国の地域レベルにおいてほとんど存在しない。先行研究では、国レベルの政策方針や社区サービス体系計画、介護保険制度、ステーションの建設基準やサービス基準などに関する研究は陸（陸2018）などが行っているが、マネジメントの観点から問題を指摘したものはほとんどみつけられない。

民間企業の参入による介護の市場化の研究も多くなされている。主に市場化によるサービスの質の向上を肯定的に論じたもの、また課題として包括的な計画や評価がないこと（葛2018：28）、政府、企業、住民による3者の連携がな

いこと（王ほか　2019）、住民の参加が弱いこと（竇・劉ほか 2020）、不充分な
サービスの管理体制（葛 2018：42）等を課題として取り上げる論文も少なくない。
しかしながら、これらの課題についてただ実態を述べるに留まり、なぜこれらが
問題なのか、例えば、高齢者のニーズに応えるためにはどういうガバナンスや
マネジメントが求められるのか、などといった観点から論じたものはほとんど
ない。

　全体的に現在の研究は政策の内容を明らかにすることや政策に関する課題を
指摘するものが多く、その実態を丁寧に分析したものや具体的対策に関する提
言まで踏み込んだ先行研究は非常に少ないといえる。

## 第2節　本書の目的と意義

　本書は前述の先行研究の批判的検討を通じて明らかになった以下の三つのレ
ベルにおける問題意識に基づき、その問題が引き起こされる構造や原因につい
て考察を行い、日本の理論研究や事例を参考に具体的な提言につなげていくこ
とを目的としている。

1）高齢化対策の一環として社区形成や社区養老サービス体制の構築の必要性
　がうたわれているが、その方向性や社区のあり方などについて具体性に乏し
　い。

2）社区における高齢者ケアにおいて、住民の互助や企業の参入を重要な手段
　として位置づけているが、ガバナンス体制の構築や協働の仕組みがつくられ
　ていない。

3）社区において展開される各種活動は、計画に基づいたものではなく、サー
　ビスや活動の妥当性、その効果についての評価もほとんど行われていない。

　まず、1）の社区のあり方に関する研究については、例えばどのような理念
のもと、何を重視し、いかなる社区づくりを目指そうとしているのかなど、理
論的な研究がほとんど行われていない。2）の実践レベルにおいては、近年に
なりガバナンスも研究テーマとなりつつあるが、本来ガバナンスが意味する
パートナーシップに基づいた協働という概念についての研究やそれを実践する
ことの意義、なぜ住民参加が必要なのか、などといったことに関する研究が深

められることが必要と考える。また、3）の方法・技術レベルで重視される地域マネジメントに関しては、これまでトップダウンで行われてきた経緯があるため、それぞれの地域において計画策定や評価することの意味や具体的方法、その必要性も理解されていないと考える。これらの状況をふまえると、地域の多様性や複雑性を反映した社区形成のあり方に関する研究や、その具体的実践方法、特にガバナンス体制や住民参加、マネジメントといった分野でさらなる検討の必要性があるといえる。

　そこで、本書では、まず、日本におけるこれまでの福祉コミュニティ理論研究を振り返り、改めて福祉コミュニティのあり方について考察する。この理論の整理の過程において、日本がどのような思想や議論を通して、現在の政策や政策を支えるシステムの構築に至ったのかを明らかにすることは、中国の社区政策を考えるうえで参考になる点があると考える。そして、日本においてこの福祉コミュニティを支えるガバナンスや住民参加といった考え方がなぜ必要なのか、どのような利点があり困難な点は何なのかといった議論は、ボランティア活動を促進させ、住民の互助的機能や協働体制の構築に期待をよせる中国の社区政策においても何かしらの示唆を与えることができると考える。

　中国と日本は政治体制が違うため、必ずしも導き出した福祉コミュニティの考え方や実践方法は中国の現状には当てはまらず、中国は独自のコミュニティ形成を目指すのではないか、という意見もあるだろう。ただ、国の財政が逼迫するなか、日本と同じように在宅介護を推進する中国においても、社区におけるガバナンス体制を整え、地域や住民の果たす役割に高い期待を寄せているのは事実である。そして、地域に生活する高齢者や住民へのサービスを充実させ、人権を守り、生きがいや幸福感を高めるといった地域戦略においては両国にそれほど違いはないはずである。そうだとすると、目指すべき福祉コミュニティのあり方を一つの方向性として示すことは、中国の社区形成にとっても何らかの示唆を与えるものになるのではないだろうか。

　また、目標を実現するために一つひとつの事業を原因と結果の因果関係で表すロジック・モデルの考え方を活用し、福祉コミュニティ形成に必要な具体的活動や成果、目標を論理的に組み立て、それをロジカル・フレームワークとして提示することを試みる。まさに、理論から実践へとつなげるための一つの方

法であり、事業の運営管理に活用できるものである。この考え方は、中国の社区において事業計画の策定やモニタリング評価などを実施するうえで参考にできる一つの方法であると考える。

著者はこれまで長年にわたり中国を拠点として貧困対策、保健医療、農業政策などさまざまな分野でプロジェクト活動を実施してきた。それらの活動を通じて常に考え、試みてきたことは、現場の実践を如何にモデル化し、普及、拡大のために論理的に整理するかということである。その時の活動の基本となったのが、プロジェクト・デザイン・マトリクス（以下、PDM と記す）といわれるいわゆる活動の枠組みである。これは、ロジック・モデルの考え方に基づき、プログラム理論を踏まえてプログラムを表現したものであり、よりよい活動を展開するため、また、開発分野ではアカウンタビリティのために導入された手法である。

中国では特にトップダウンの傾向が強いため、活動を実施する前に現場のニーズや問題についてアセスメントをするというボトムアップの考え方や習慣があまりない。そして地域住民がワークショップに参加し、自分たちの地域の課題やそれぞれの想いなどを発言し、意見交換や議論を行うなどの機会はほとんどない。ゆえに現地で実施される活動は地域のニーズに合致していないものであったり、住民の主体性も非常に弱いといった課題が多くみられた。そのような現状を前に、著者は問題の分析、筋の通った計画づくり、目標の設定、そして何より住民自身が問題分析からの全ての工程に参画することで築かれるオーナーシップや自分事としての意識形成が、事業の持続的発展に欠かせないことを、身をもって経験してきた。

つまり、これまでの経験から論理的な計画づくりと評価、そして協働ガバナンス体制のもとの住民参加という手段が如何に重要であるかを強く認識しており、中国のこれからの社区形成や社区における高齢化対策においてもこれらの視点が欠かせないと考えている。

地域福祉の計画づくりといった時に、本来はその地域のステークホルダーが参加し、地域の課題や社会資源を議論しながら作成するのが一般的である。本書では福祉コミュニティに関するこれまでの議論や関連する考え方から導き出された福祉コミュニティのあり方をロジカル・フレームワーク[5]で表しており、

ボトムアップの原則に則していないのではないかといった批判的な意見もある
だろう。ベストプラクティスとしてよく紹介される全国の事例も、その地域独
特の体制や人員、組織などに支えられている場合が多く、汎用性が必ずしもあ
るとはいえない。しかしながら、福祉コミュニティに共通する要素を導き出し、
理論をプログラムに落とし込む作業を通じて活動をロジカルに組み立て、一つ
の方法論として示すことができれば、中国においてもそれをモデルツールとし
て活用することが可能になると考える。

## 第3節　本書における研究方法

　福祉コミュニティ理論の整理とロジック・モデルの検討につては、主に文献
調査を通じて実施し、これまでの研究から継承すべきポイントや新たな展開が
必要な要素について考察を行う。
　中国の実態については最も小さい行政単位である街道のサービス窓口であ
る街道サービスセンター（以下、街道センターと記す）と街道養老介護センター、
社区居民委員会、そこでサービスを提供する社区養老ステーションなどに対し
ヒアリング調査を実施した。新型コロナの影響もあり中国の管理体制が一段と
厳しくなり、また、関係者以外の訪問や調査などに対する厳しい取り締まりな
どが行われているなか、調査を快く引き受けてくれる組織を探すのは容易では
なかった。このような状況のなか、最終的に8カ所で比較的自由に調査が実施
できたことは、外国人でありながら非常に恵まれていたといえる。
　日本の現状に関しては、地域福祉の推進を積極的に進める自治体、著者の地
元に近い自治体、実際に現場での活動に関わったことのある自治体の3カ所を
選出し、主に公開されている計画や報告書、評価シートなどの文献調査等を通
じて考察することとする。
　本来は中国と同様の手法で調査を行うべきであったが、著者が長期にわたり
海外勤務であったことや新型コロナ感染症の拡大の影響もあり、実際に日本で
調査を行える環境ではなかった。日本に関する情報はインターネット等を通じ
て得られる資料も多くあり、情報量としては充実していたとはいえ、残された
今後の課題として日本での現地調査を通じてさらに理解を深めていきたいと考

*20*

えている。

　倫理的配慮として、対象者へは、ヒアリングは本人の自由意思によることや、知り得た情報の管理、特に個人情報の保護、プライバシーの保護に関することを説明し、同意を得ながら実施した。また、結果については論文に載せる旨を伝え、同意を得たうえでヒアリング調査を行った。

## ❖ 注

1）「単位」制度は 1956 年に全国で実施。単位と呼ばれる企業、学校、政府機関などの職場組織を意味する。人々の生活は単位によって支えられ保障されてきたと同時に厳格な管理下にも置かれていた。

2）街道は社区の上、市の下に位置する。街道弁公室には社会保障、退職者へのサービス、失業者管理、住宅保障サービスなどさまざまなサービスの管理を行う部署があり、社区サービスセンターを管理指導している。

3）居民委員会は「群集の自治性をもつ住民組織である」と規定され、法律上、行政の末端組織ではない。中国では 50 年代には街道弁事処という行政管理体制の下部組織が設置され、その管理下に大衆的自治組織である居民委員会が成立した。以前の居民委員会の役割は、一般的に行政の下請け機関として、住民を管理・監督するというのが主であった。

4）中国語で"关于加强和完善城乡社区治理的意见"。

5）ロジカル・フレームワークはプロジェクトをマネジメントするために使用する「論理的枠組み」を意味する。開発援助の分野でプロジェクト計画表として米国を中心に古くから使われてきた（JICA　2004：206）第 2 章で示す PDM（プロジェクトデザインマトリックス）はロジカル・フレームワークの一形式である。

# 第1部

# 福祉コミュニティのかたち
# とロジック・モデル

第1部　福祉コミュニティのかたちとロジック・モデル

# 第1章

---

# 福祉コミュニティ形成の
# 必要性とそのかたち
## ──私たちが描く将来の地域社会はどんな世界か？

## 第1節　今、なぜ福祉コミュニティをとりあげるのか

　序章で述べたように、現在中国では高齢化が急速にすすみ、社会保障制度も模索段階であるなか、社区や住民の果たす役割への期待が高まってきている。この状況は日本が高齢化を迎えた1970年代から現在に至る過程で、在宅ケアの推進と共に地域や住民を重要な支援提供者と位置づけ、地域包括ケアを推進する状況と似ている部分がある。先行研究では、中国が政治的な視点ではない社区形成のあり方を論じた研究がほとんどないことを問題として取り上げた。社区形成を進めるうえで、住民の声に関心を寄せ、いわゆる社会的弱者と呼ばれる人たちの権利の問題やノーマライゼーションといった研究は重要な議論であると考える。

　ここでは、1970年にすでに高齢化社会に突入した日本がこれまで重ねてきた地域福祉や福祉コミュニティに関する研究を取り上げ、その変遷や成果をみていく。そして今、改めて新しい福祉コミュニティ形成にむけての議論が求められる背景や具体的な内容を検討していく。日本の社会の分析を通じて示される概念や構成要件、そして研究全体の変遷は、今後中国が中国式の福祉コミュニティを目指す際の参考や教訓となることを期待したい。

　そもそも、高齢化問題はなぜ重大な課題なのか。それは、高齢化や人口減少

*24*

がさらに深刻化し、経済低成長の傾向は今後も続くと、国の財政状況はますます悪化し、社会保障費も圧迫され、セーフティーネットを含む政府のさまざまな機能も不全に陥ることが予想されるからである。つまり、私たちが国の政策に依存するのが困難な状況に陥る可能性は充分に考えられる。具体的には、例えば、年金給付水準の見直しなど社会保障の給付を含む公共サービスの見直しや、教育やインフラへの歳出の削減が行われる可能性がある。即ち、「公への依存の限界」を危惧せざるを得ない厳しい現状があることに対し、私たちは認識を深め、危機感をもって対策を考えることが求められる。

国の経済力は私たちの生活を支えるうえで重要であるのは確かである。しかしながら、私たちが生きていくうえで同じくらい必要なことは心理的な充足感、つまり意欲をもち、希望をもって生きることではないだろうか。

人間にとり「well-being」、要するに、「よりよく生きること」は健康の定義の中核を成すものとして世界保健機構（WHO）の WHO 憲章のなかでは以下のように述べられている。

"Health is a dynamic state of complete physical, mental, spiritual and social well-being and not merely the absence of disease or infirmity."

言い換えれば、「健康とは、病気でないとか、弱っていないということだけではなく、肉体的にも、精神的にも、そして社会的にも、全てが満たされた状態であることをいう」（日本 WHO 協会 HP より）。ここで注目したいのは、肉体的な健康のみが重要なのではなく、精神的、社会的な充足も必要不可欠であると位置づけていることである。

また、広井は「拡大・成長」志向そのものを根本から見直し、もっと人がゆとりをもって生活を送れるようにすることについて、成熟社会のビジョンを切り開いていくことの重要性を説いている（広井 2013）。つまり、経済至上主義ではなく、他の要素も取り入れた包括的な考え方のもと、世界がこれから迎える高齢化社会におけるコミュニティのあり方を示すことが重要である。

## 第2節　日本の福祉コミュニティ論

「福祉コミュニティ」はこれまでさまざまな場面において非常に幅広い意味

第1部　福祉コミュニティのかたちとロジック・モデル

で捉えられてきた。それはまさに地域コミュニティ自体が私たちの生活の場であり、常により住みやすい生活のあり方を目指し、その追い求める理想の形を「福祉コミュニティ」としてそれぞれが思い描いてきたからである。この節では、まず、これまでの福祉コミュニティ理論の整理を通じて継承されるべき考え方を明らかにし、福祉コミュニティの議論が社会的事象との関係のなかでどのように変遷してきたかについて明らかにする。

## 2-1　福祉コミュニティの理論の変遷と継承

　1968年にイギリスで発表された「シーボーム報告」[1]や「バークレイ報告」[2]などの影響も受けながら、日本では1970年代から社会福祉の「地域化」ということが議論となり、地域福祉や福祉コミュニティ理論の変遷に関する研究は多くの研究者によりすでに行われている。

　野口は福祉コミュニティの定義を社会福祉研究と福祉社会学の二つの立場から分類しており（野口　2016：84-86）、それを参考にしながら改めて整理を行う。

　まず、社会福祉研究の立場から論じている代表的な研究者は岡村である。岡村は1970年代に初めて「福祉コミュニティ」という用語を用いた。そして、この福祉コミュニティを、援助を必要とする当事者を中心とした活動的集団であるとし、地域社会の下位集団と位置づけ、地域社会と区別している。しかしながら、コミュニティのもつ意味について、機能的社会や近隣社会から疎外されるような特定少数者を対等の隣人として受容し、支持することにあるとも説明している（岡村 1974）。福祉コミュニティを一般コミュニティの下位集団として位置づけるという考え方に対し、批判的議論も多くされているが、地域コミュニティにおいて生活上の課題を抱えたまさに当事者が、あたりまえに暮らせる社会を構築するために如何なる条件が必要であるかという視点は、当然ながら重要な意味をもつ。これは、まさに当事者自身のエンパワーメントの過程であり、同時に地域社会の構造自体も全ての人のニーズを充足するために成長が求められることを意味しており、地域福祉における今日の理念に引き継がれているといえる。そのような意味では、福祉コミュニティの形成は「シーボーム報告」の記述にもある、まさにコミュニティ開発事業（community development）である。それは、住民自身が自ら地域の課題を発見し、解決にむけた集団的活動に参加（行動変容）し、コミュニティの一員としての連帯意識を高めていくことで、地域としての共通の価値観を築き成熟していくということを意味している。

　三浦も岡村に近い立場で福祉コミュニティについて述べており、一般コミュニティに対する部分コミュニティの位置に福祉コミュニティを置き、要援護の高齢者が自宅で生活を継続できるような体制を確立することを目的としている。あくまでも当事者への在宅福祉サービス等を重視しながらも、その充分条件として、地域住民のインフォーマルネットワークの構築をあげている。また、「福祉コミュニティというのは包括的なものではなく、いくつもの福祉コミュニティが時には重なり合いながら形成され、これを通して、地域社会の福祉的な再編成をはかるというのが、福祉コミュニティの考え方である（全国社会福祉協議会　1997：7）」としている。つまり、一つひとつの福祉活動の実践の積み重ねにより福祉コミュニティが再編成されていくという考え方である。

　もう一つの立場である福祉社会学の領域から論じたのが、奥田や越智ら社会学者である。奥田は福祉コミュニティの内実を模索し、それを「洗練と成熟」という言葉であらわした（奥田編 2003：190）。例えばキーワードの一つである「他者理解」においては、「さまざまな意味での異質・多様性を認め合って、相互に折り合いながら、自覚的に洗練された新しい協働生活の規範、様式をつくることが求められる」（奥田編 2003：3）としている。そして、福祉コミュニティを支える運動や組織は多様な幅をもっているとし（奥田編 2003：191）、それは、時代の変化と共に変化する思想に敏感に反応し、新しい「質」の構築、再構築を含んでいることを意味している。

　越智の示す定義は、以下のようになっており、より「生活」という視点を重視して福祉コミュニティのあり方を打ち出した。

　　生活地域を意識した住民諸階層が、自発的創造的な連帯活動のなかから、共通しあるいは関連した福祉的生活課題を共有分担して、長期的展望にむけた学習と実践で取り組む生活様式をつくり出す。この過程は単線的ではなく、自我を組みかえる試行錯誤の過程として自覚されねばならない。そ

うした文化の形成とそれを基底にした人的物的ネットワークが、都市の経済的・政治的・行政的諸政策を組みかえて、人間的社会環境と「安心と情熱」を発展的に保たせ、グローバルな異質性をも吸収していく。そのような新しい共同社会をさす（奥田編 2003：214）。

　コミュニティの最も成熟した姿を「福祉コミュニティ」として位置づけ、柔らかい自己革新性をもち、流動する異質性をとりこむものとしてとらえ、「創る公共性」、「創造する生活文化」をコミュニティの本質としているところに特徴がある。住民によるボランティア活動に対しても持論を展開しており、「地域福祉文化」という風土、生活様式、考え方を学習と実践で創造し、地域本位、住民本位の交流が展開していくことの重要性を説いている。つまり、この過程には地域住民自身の自覚と主体性をもった運動が求められるということである。
　このようにみてみると、福祉社会学の立場からは、住民運動という主体性のものと活動が展開され、福祉コミュニティは再編を繰り返し成熟していくものであると捉えられている。
　次に、牧里の分類を参考にしてみたい。牧里は、福祉コミュニティという言葉を明確に打ち出しているわけではないが、地域福祉という活動や制度が生まれてくる社会的要因などを探求することを通じて、構造論と機能論という二つの研究アプローチに類型化した[3]。前者は地域福祉を福祉政策や福祉制度などの構造から認識するものであり、後者は社会的ニーズを充足する社会的サービスや社会資源の供給システムのような機能として捉えるところに相違点がある。そして、1990年以降の地域福祉の変遷のなかで、地方分権や在宅福祉の進展と共に、より現場に近いところで制度の柔軟な対応や現場に応じたシステムの組み合せなどが行われることで、構造や機能が明確に分類されずに、より統合的で包括的なものに再編成されるようになってきたことが考えられる。その視点から地域福祉の枠組みを新たに提示したのが岡本である。岡本は90年代以降の新たな社会問題に対応する地域福祉論として、牧里の2分法を超える範囲と内容を、**図1-1**にあるように四つの枠組みで示した。
　この新しい枠組みの提示は、「場──主体の地域福祉論」ともいえ（牧里 2003：88）、「場」というステージにおいて在宅ケアと地域ケアを設定し、「主

第1章 福祉コミュニティ形成の必要性とそのかたち──私たちが描く将来の地域社会はどんな世界か？

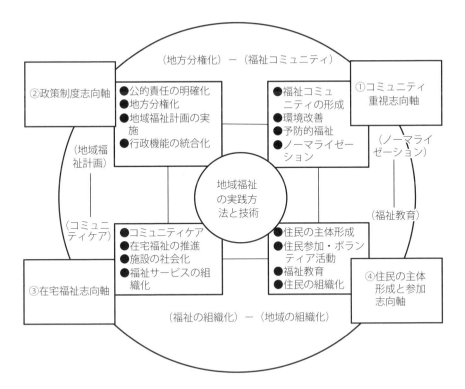

出所：岡本（2003）「地域福祉の考え方の発展」『新版社会福祉士養成講座7　地域福祉論第2版』中央法規出版から抜粋。

**図1-1　岡本の地域福祉論の四つの志向軸**

体」という推進者において住民と行政などのサービス供給者を設定した。そして、四つの枠組みとして、①コミュニティ重視志向軸、②政策制度志向軸、③在宅福祉志向軸、④住民の主体形成と参加志向軸を示し、それぞれの枠組みに代表的な研究者を分類分けしている。例えば、岡村は①に、右田は②に、三浦は③に、大橋は④に分類されている。岡本の整理により、これまで議論されてきた構成要素や概念が一つの枠に収まる形となった。しかし、この分類方法が発表されたのは2003年であり、その後も新たに発生した社会問題への対応のため、例えばNPOやCSW（コミュニティ・ソーシャルワーカー）の活躍が期待されるなど、実践や研究において大きな変化が生まれている。新たな視点を

取り入れた福祉コミュニティの研究は現在も進行中であり、この図1-1の中央
にある「地域福祉の実践方法と技術」については、現在も確立したものがなく、
戦略的にその方法論を導き出すことが求められている。

これまでの変遷をみてもわかるように、論者の視点や認識もさまざまで、政
策的な内容や実践に焦点をあてた分析など、多様で一つの定義ではおさまらな
いのが現状といえる。しかしながら、多くの研究者が福祉コミュニティは地
域福祉の目標でもあるとし、野口のいう地域福祉の究極の目標は福祉コミュ
ニティの創出だということにおおよその合意が形成されつつある（野口 2016：
82）。上述で示された全ての内容はどれも重要であるが、特に現在の社会に必
要な視点として、以下の3点としてまとめることができるのではないだろうか。

一つ目は、「住民の主体性の構築と住民参加の質」の視点である。住民参加
や住民主体という視点は、どの研究者も福祉コミュニティ形成に必要不可欠で
あるとしている一方で、多くの研究者が指摘するようにこれまで有効的な手段
が示されたとはいえない。地域共生社会の構築が進められる今、住民参加を
通じた内発的発展やエンパワーメント、さらには住民が新しい公共を担うとい
う意味でガバナンスにおける位置づけといったことも重要な意味をもってくる。
主体性の構築にはモチベーションの継続が重要であり、質の内容とは、住民の
権利意識や公共意識といったことを意味する。例えば、住民や住民組織が自治
体とのパートナーシップのもと、強い問題意識のもと、地域の福祉課題への提
言や政策提案をすることなどが含まれる。

そして、二つ目は、「援護が必要な人の権利擁護と当事者の参加」である。
福祉サービスの必要な人の潜在化しがちなニーズも拾い上げサービスにつなげ
ることは、社会的孤立や引きこもりなどの問題が深刻化する現在においてます
ます重要になっている。そして、当事者を中心にすえた組織体が積極的に地域
コミュニティとの交流を通じて課題として認識されることが必要となる。

最後は、「価値観への共感と地域の成熟」といった地域に焦点をあてた視点
である。福祉教育や思想運動を通じて多元的な価値をもつ地域において共感す
る力を育み、時代の変化に応じた新しいコミュニティ意識を構築していくこと
は、特に現在の多様性にとんだ福祉コミュニティ形成においても必要不可欠な
視点であるといえる。

このように、日本では50年以上にわたる福祉コミュニティ、地域福祉に関する議論のなかで、社会課題に向き合い、その解決方法を探り、常に援護を必要とする人たちを中心においた研究が進められてきた。そして、この問題は他人事ではなく、誰もが直面する可能性であるからこそ地域コミュニティ全体でそれを受け止め、サポートし合う関係づくりや体制づくりについてその方法を探ってきたといえる。取り組むべき課題は現在も多くあり、今後も地域コミュニティの社会課題、生活する個別課題の解決方法を探るべく研究は継続される。

## 2-2 福祉コミュニティと社会的事象の関係

次に、これまでの福祉コミュニティや地域福祉の理論的な考察が、社会的事象とどのように関連し、実際にこれまでの制度や政策に如何に貢献してきたのかをみてみたい。例えば、住民参加の高まりやCSWの広がりなどが、どのような背景のもと、重視され、変革があったのかなどを明らかにしていく。この作業は、中国の社区形成や高齢化対策において、必要な視点や政策を考えるうえで何かしらの示唆を与えるものであると考える。

武川は、地域福祉の系譜について、それぞれの時代の社会福祉が抱える課題を取り込むことによって累積的に発展してきた概念である（上野谷編 2020：25）としている。つまり、福祉政策や福祉活動は常にその時代の課題に敏感に反応し、対応していくべき実践であるといえる。

ここでは、和田が行った整理を参考に、どのような社会的背景のもと、新しい考え方や政策が生み出されてきたのかを整理する。和田はこれまでの福祉コミュニティの変遷を、1970年代を福祉コミュニティの起点、1980年代を福祉コミュニティの構想、1990年代を福祉コミュニティの転換、2000年代を福祉コミュニティの実体化、2010年代を福祉コミュニティの現代的地平とし、事例を紹介することで現在における福祉コミュニティの深化の実態を明らかにしている（和田 2018：168）。**表1-1** は和田による説明をもとに、これまでの変遷を10年ごとのスパンで整理し、それぞれの時代の出来事に応じてどのように法制度が変わり、地域に変化をもたらしたか著者がまとめたものである。

表1-1から読み取れる五つの大きな流れに焦点をあててみていくこととする。

第1部　福祉コミュニティのかたちとロジック・モデル

表1-1　社会的事象と地域福祉に関する法制度の変遷

| 年代 | 社会的事象<br>（社会保障給付費の対国<br>民所得比） | 地域福祉に関連する<br>法制度 | 法に関する特記すべき内<br>容、地域コミュニティの<br>動きなど |
|---|---|---|---|
| 1970年代<br>【福祉コミュ<br>ニティの起<br>点】 | ・人口の大都市への流<br>入<br>（急増：福祉元年、経<br>済成長率の低下） | 1973：福祉元年<br>1979：養護学校義務化 | ・住民運動、コミュニ<br>ティ形成<br>・家族や地域コミュニ<br>ティの一定の安定性 |
| 1980年代<br>【福祉コミュ<br>ニティの構<br>想】 | ・高齢化の進展<br>・バブル経済<br>・外国人労働者の増加<br>（安定：抑制政策） | 1982：老人保健法<br>1985：基礎年金導入<br>1989：ゴールドプラン | ・ノーマライゼーショ<br>ン<br>→「施設福祉」から「在<br>宅福祉」へ<br>・住民・市民活動の日<br>常化 |
| 1990年代<br>【福祉コミュ<br>ニティへの転<br>換】 | 1991：バブル経済崩壊<br>1995：阪神淡路大震災<br>・グローバル化<br>・日本経済マイナス成<br>長<br>・雇用不安の増大<br>・少子化問題<br>（再急増：経済成長の低<br>下） | 1990：社会福祉八法改<br>正<br>1992：老人保健法改正<br>1993：障害者基本法<br>1994：新ゴールドプラ<br>ン<br><br><br>1998：NPO法施行<br>1999：地域福祉権利擁<br>護事業 | →社会福祉行政の地方<br>分権化<br>→利用者本位、自立支<br>援、普遍主義、総合<br>的サービスの提供<br>・在宅福祉サービス整<br>備の実質化<br>・福祉サービス供給主<br>体の多元化<br>→ボランティア活動・<br>市民活動の活発化 |
| 2000年代<br>【福祉コミュ<br>ニティの実態<br>化】 | ・少子高齢化<br>・環境問題深刻化<br>2008：リーマンショッ<br>ク<br>・経済のグローバル化 | 2000：介護保険施行<br>2000：社会福祉法改正<br>（社会福祉事業法の改<br>正）<br>2000：ゴールドプラン<br>21 | →在宅介護の本格化<br>→「地域福祉の推進」<br>の提示、地域福祉計<br>画法定化<br>・グループホームの整<br>備 |
|  | ・孤独死、自殺の増加<br>・超少子高齢化人口減<br>少時代<br>（2008年リーマン<br>ショックで急増） | 2000：民法改正（成年<br>後見制度創設）<br><br><br>2000：健康日本21<br>2006：住宅基本法<br>2006：障害者自立支援<br>法 | ・地域力への期待の高<br>まり（防災活動、環<br>境活動、コミュニティ<br>カフェ、サロンなど）<br>→健康寿命、介護予防<br>・多職種連携・地域共<br>同体の構想<br>・コミュニティ政策の<br>議論が活発化 |

32

第1章 福祉コミュニティ形成の必要性とそのかたち——私たちが描く将来の地域社会はどんな世界か？

| 2010 年代<br>【福祉コミュニティの深化】 | ・都市成熟化時代<br>・2011：東日本大震災<br>・子どもの貧困問題<br>・複合的な課題を抱える家族問題<br>（比較的安定：抑制政策） | 2010：精神障害者地域移行・地域定着支援事業<br>・地域包括ケア<br>2013：子ども貧困対策法<br>2014：まち・ひと・しごと創生法<br>2015：地方創生<br>「我が事・丸ごと」地域共生社会<br>2015：障害者総合支援法<br>2015：認知症施策推進総合戦略<br>2016：成年後見制度利用促進法<br>2017：社会福祉法改正 | ・子ども食堂<br>・つながりの再構築<br>・住民の主体性・自発性重視<br>・全世代・全対象型地域包括支援<br>・地域づくりにむけた支援<br><br>→地域福祉計画に「共通して取り組むべき事項」の追加 |
| 2020 年代<br>【福祉コミュニティの普遍化】 | 2020：新型肺炎の拡大 | 2021：重層的支援体制整備事業（相談、参加、地域づくりにむけた支援） | ・つながりの大切さ再認識<br>・テレワーク<br>・新しい日常 |

出所：和田（2018）『現代福祉コミュニティ論』169-175 を参照し、著者作成。

　まず、「施設福祉から在宅福祉へ」の流れである[4]。この流れに合せ、ホームヘルパーの育成やショートステイの整備などが進められたが、急速な高齢化は予想を超え、5 年後に新ゴールドプランを策定し、介護サービス提供のためのヘルパーの確保などの目標を引き上げることになる[5]。

　また、この時期には、福祉コミュニティに関する構想やあり方などを取りまとめた研究報告書も出された（東京都社会福祉協議会「福祉コミュニティ構想」研究委員会　1991）。そのなかで、高齢化社会の問題は地域社会全体の問題であり、全ての人に関係することとして位置づけ、まさにコミュニティ自体のあり方を追求する重要な意味があるとし、地域構成員である一人ひとりの福祉についての意識や態度の醸成が求められることを提示している。

　その後、在宅福祉の推進に必要な制度も次々に生まれてくることになる[6]。そして、高齢者の社会参加の奨励や高齢者の尊厳の確保と自立支援、支えあう地域社会の形成などが方向性として決められたのもこの時期である。加え

33

て、健康日本21により、健康寿命の延長や介護予防など、医療の側面からも支援が始まることになる。また、認知症の対応のための、グループホームの整備も始められた。2010年以降は、子どもの貧困問題や外国人との共生、認知症、成年後見の問題など地域における生活課題も複雑化、多様化し、福祉サービスにおいてもより包括的なアプローチが求められるようになる。

　二つ目は、「国から地方自治体へ」という流れである。この大きな流れをつくったのは、1990年の社会福祉関係八法改正にともなう社会福祉行政の市町村分権化、主権化が始まったことであるといえる。これを機に、国家責任であった福祉行政が市町村の責任となり、原則地方自治体において計画的に進められることになるが慣れない業務に困難がともなった[7]。一方で、地域福祉の中心的な推進主体である社会福祉協議会（以下、社協と記す）では、1984年にすでに地域福祉計画の理論化を検討しており、1990年の法改正にともない、行政の地域福祉計画と区別し、特に住民の活動や行動を計画化する地域福祉活動計画を策定することをとり決めた。2000年の法改正では、地域福祉計画が法定化され、2017年の改正社会福祉法の公布により、自治体に策定の努力義務が課されることになる。このように、地方自治体へと責任や役割が移され、地域共生社会の実現という目標が打ち出されたことで、より一層地域へと焦点があてられることになる。

　三つ目は、「住民参加から協働、住民自治へ」の流れである。前述した二つ目の流れにおいて、その活動推進主体のひとつとして期待されているのが住民である[8]。住民一人ひとりが意識をもって身近な地域課題に関心をもち、自発的な取り組みが期待されることになる。それは、2008年のリーマンショック以降、ホームレスや貧困格差、自殺等さまざまな社会問題が深刻化するなかで、地域住民が相互扶助を通じて支え合うことの必要性が、さらに強く認識されるようになったといえるのではないだろうか。そして、介護保険制度の幾度にもわたる改正のなかで、地域包括ケアにおける住民の役割が徐々に参加から提案、問題解決、といったように質的な変化を遂げているといえる。つまり、住民参加から住民自治への流れが政策において意図的につくられてきたと考える。

　四つ目は、「ソーシャルワークからコミュニティソーシャルワークへ」という流れである。そもそも日本のコミュニティソーシャルワークの歴史は1960

年代から 80 年代にかけてアメリカのコミュニティオーガニゼーションやイギリスのコミュニティワークの影響を大いに受けて発展してきたといえる（宮城 2019：27）。その後、在宅福祉の動きが主流になるなか、個人の課題に向き合いながら、近隣やボランティア等のインフォーマルなネットワークづくりも行いながら地域の課題として認識を共有する働きかけが求められるようになる。また、住民参加への流れを受けて、CSW の協働の調整やファシリテーター的な役割が期待されるなどその活動内容も変化してきているといえる。

　そして、五つ目は、「権利擁護」強化の流れである[9]。日常生活自立支援事業は、全国の社協が中心となり展開されており、自己決定の尊重や権利侵害からの回復、予防といった安心した生活を営むためのサポートが行われている。また、法務省を所管とする成年後見制度が 2000 年に施行され、その後、2016年には成年後見制度利用促進法が施行され、より使いやすい制度とするために、弁護士や司法書士、家裁などの法律の専門家と社協や社会福祉士、地域包括センターなどが連携しながら、「成年後見支援センター」を設置する自治体も増えてきている。

　また、この権利擁護を全ての人に通じる「基本的人権の擁護」として周知、啓発するために、住民にむけてのセミナーなどが実施され、2015 年には「認知症施策推進総合戦略（新オレンジプラン）」を策定し、住民の認知症サポーターなどの育成も進めている。

　これまで五つの方面から大きな流れについてみてきたが、それぞれの分野が互いに関連し合いながら、多くの法律や制度が生まれ、改正を重ねて今に至ることがわかる。枠に収まりきらない実践の試みが、その機能を満たすために法律や制度という構造を変えてきたといってもいいかもしれない。これらは地域福祉や福祉コミュニティに関わる長年にわたる研究の成果と切り離しては考えられないだろう。

　そして、福祉の中心がまさに地域コミュニティへと移行していくにともない、福祉サービスの担い手も多様化し、そのなかでも特に住民参加を積極的に後押しした動きとしては、NPO 法の成立と介護保険制度の施行が考えられるであろう。しかしながら、少子高齢化がますます進み、社会がより複雑化、多様化するなかで、社会的孤立などの新たな課題も生まれ、それに対応する新しい公

第1部 福祉コミュニティのかたちとロジック・モデル

共意識の醸成などが重要なテーマとなりつつある。つまり、時代の変化に応じて福祉コミュニティのあり方や実践論も再編成されていかなければならない。今、現場では何が起こっているのか、取り組むべき対策は何なのか、現代の技術をどのように活用できるかについて、私たちは常にアンテナを張り、神経を研ぎ澄まして社会の変化に敏感に反応していくことが求められている。

## 2-3 小括

　福祉コミュニティ理論の変遷をみると、新しい機能を満たす枠組みやしくみを常に求めながら、常に援護を必要とする人たちを中心におき、さまざまな角度から地域コミュニティのあるべき姿が議論されてきたことがわかる。現在は、地域共生社会の構築という目標のもと、つながりの再構築やさまざまなアクターが領域を超えて協働することなどがこれまで以上に重要となってきている。そして、これまで議論してきた内容から現在に継承されるべき視点として、三つの視点を導き出した。これらは、住民参加とは如何なるものなのか、権利擁護とは何を意味するのか、共感はなぜ必要なのかといった視点であり、地域コミュニティづくりの基礎をなす理念である。

　次に、社会的事象との関係から導き出された五つの流れは、日本の法律や制度がその時代の実践研究や課題に対応するかたちで生まれてきたことを意味している。これは、私たちが地域の現場で起きる社会的事象や動きに敏感に反応し、その背景にある社会的要因や構造的原因は何かという「問い」に常に応えていく必要があることを示している。

## 第3節　福祉コミュニティとソーシャルクオリティ

　より複雑化、多様化した社会をみる時に多角的な視点が必要になる。それは、例えば、制度的な側面やサービスへアクセス、経済的な支援や教育の機会、地域における関係性などさまざまである。このように、個人が関わる社会環境の実情、つまりその「質」に焦点をあて、社会問題をみるのがソーシャルクオリティ（以下、SQ と記す）の考え方である。

多角的な観点から全体をみていくことで、個人と社会の関係性を把握し、複雑に絡み合った問題の背景にある社会構造や課題の生み出される過程について考察する糸口を与えてくれる SQ の考え方は、福祉コミュニティのあり方を考える際に役に立つものである。この節では SQ という別の視点から、福祉コミュニティ形成がどのような意味で重要であるのか、また、福祉コミュニティの形成にとり、SQ から学べる点などについて明らかにする。

## 3-1 ソーシャルクオリティ（SQ）のうまれた背景と概要

SQ は 1997 年に欧州理事会で合意され調印された、豊かな社会を目指すために社会政策全般の視点から社会のあり方を見直すために打ち出された考え方である（Walfgang 1998）。その背景には、90 年代以降に欧州において「社会的排除」の問題が深刻になってきたことがあげられる。高失業率、高犯罪率などで社会が分断された状況を解決するために、差別をなくし、欧州社会全体の連帯を呼びかけるものであった。時代はグローバル化にともない、移民の問題や環境破壊の課題など生活を脅かすさまざまな課題が山積みであり、経済と社会の発展のバランスのとれた社会を構築するための具体的方法を必要としていた。この考え方が打ち出された後、環境分野、就業、移民や都市の発展などさまざまな政策においてこの考え方を活用した研究が行われており、その成果は *The European Journal of Social Quality* に紹介されている。SQ は理論的な枠組みや具体的な指標を提示しており、さまざまな分野でその活用が可能となっているが、一方で指標化の過程で多くの研究を反映しながら現在も確立過程といえる点や指標の内容について研究対象地域の状況に応じてある程度調整が必要であることなどを注意する必要がある。

また、2000 年 3 月に欧州理事会で採択された「リスボン戦略」は、欧州の経済・社会政策に関する包括的な 10 カ年戦略であり、①持続的な経済成長、②より多くのよりよい雇用、③社会的結束の強化、という三つの政策課題を掲げている（久我 2008）。このように欧州では、経済だけではなく、それと並行して社会構造にも目をむけようという動きが早い段階から始まっている。

SQ が特に注目するのは、個人と社会の関係である。そして、この相互関係

第1部　福祉コミュニティのかたちとロジック・モデル

性には三つのテーゼが含まれている。まず一つ目は、社会とは個人の自己実現と集合的アイデンティティ形成の相互作用により形成されるということである。二つの構造的な相互依存や時には刺激しあうことで新たな文脈がつくり出され、この繰り返しにより社会は常に変化していくとしている。二つ目は、四つの条件が社会における機会を決定するということである。この四つの条件とは、以下にも説明する社会的エンパワーメント、社会的包摂、社会的経済的安全保障、社会的連帯である。三つ目は、横と縦の二つの緊張の相互関係により社会が具体的に形成されるということである。詳細は後に紹介するが、横の関係ではシステム・制度とコミュニティ・集団の緊張、縦の関係では社会と個人の緊張を示している。これは自己実現と集団的アイデンティティの形成に影響を与えるものであるとしている。そしてこれら三つのテーゼに関する社会構造や四つの条件に基づいた機会など多層的、多面的に社会を分析していくものである。例えば、個人の発展の過程において、基本的な社会経済保障は得られているか、集団の一員として社会に受入れられているか、政治を支える一員としてエンパワーされているかなど、全ての関係性がSQの研究範囲となる。

　以下、図1-2はSQの全体の枠組みを示したものである。

　まず、二つ目のテーゼでも紹介した縦軸横軸の関係をみていきたい。例えば、図1-2の二つの軸について説明すると、横軸は左側にシステム・制度組織があり、これに個人がどのように「参加」できるか、つまり権利保障やサービスへのアクセスなどが充分であるかといったことが問題になる。例えば、高齢者や障害者、外国人であることが制度へのアクセスに困難をもたらすなど、行政的なメカニズムによりどのような集団が困難に直面するかが決められてくる。このことは、SQがシステム統合の結果に影響を受けることを意味している。右側にはコミュニティ集団という生活空間があり、これは社会の統合を目標としている。ここでは、個人と集団、コミュニティの関係について述べており、個人が集団に属するには、「社会的承認」や「評価」が求められるとしている。

　そして、縦軸は社会のプロセス（発展）と個人のプロセス（発展）を表している。上には集団的な規範があり、下には価値に対する感受性があり、この一見関係なさそうな二つの領域の間には価値の変換が存在している。つまり、それらは互いに刺激し合っており、規範が認識されることで行動が起き、また個

第1章 福祉コミュニティ形成の必要性とそのかたち――私たちが描く将来の地域社会はどんな世界か？

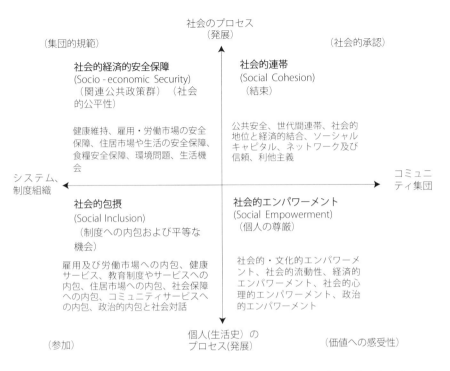

出　所：Wolfgang Beck, Laurent J. G. van der Maesen, Fleur Thomese and Alan Walker（2001）*Social Quality A Vision for Europe*, Kulwer: 344 と小野「ソーシャルクオリティとは何か？」（2008）に基づき著者が加筆修正。

**図1-2　ソーシャルクオリティの枠組み**

人の価値の感受性が成長することで、集団の規範へと価値の転換が行われ、社会の発展をもたらす。

　また、この縦軸と横軸は深く関係しており、例えば、権力関係や不平等は最低限度の価値や集団的な規範が存在しなければ妥協点を見出すことが難しい（Walfgang　2001：325）。即ち、横軸の参加と社会的承認、縦軸の集団的規範と価値への感受性の四つの領域は、互いに関連しており、どこかに矛盾が生じた場合は、複眼的な視点で全体の関係性をみていく必要があることを物語っているといえる。例えば、女性が差別的な状況に置かれていた場合、それを変えようとする価値観や権利意識が存在すれば、参加や社会的承認への道が開かれ、

集団における規範的価値の転換が可能となり、社会の成熟へとつながる可能性があることを意味している。

　そして、SQ の考え方では、私たちが尊厳をもって生きていくための社会的条件を四つの大きな枠組み（条件）でとらえており、具体的には図 1-2 で示したとおりである。まず、社会的経済的安全保障が指す内容は、人々が、雇用、住宅、食糧、環境など生活に必要な物的資源を利用することができているということであり、制度的なシステムを含む領域である。つまり、基本的な保障と人生の機会の提供が含まれる。ここでは、特に社会的不平等に対処するうえで国家の役割が重視されると同時に、個人の自己実現のためにツールや知識を提供しなければならないとしている。SQ が単なるトップダウンの社会保障だけを意味するものではなく、個人に対しより多くの働きかけをすることが重要であることを意味している。

　次に、社会的連帯は、社会関係の強さや弱さに関係し、それには友人や家族、近隣の人やコミュニティとの関係やネットを通じた関係などが含まれる。社会的連帯には、失業や家族・人口構造の変化、コントロールできない移民の問題、都市での暴動などさまざまな阻害要因も存在する。これらの課題は社会の統合（integration）の問題として扱われることが多いが、それでは充分ではなく、文化的な領域、社会的な規範の領域などから考える必要があるとしている。社会的信頼関係が築かれることで個人は集団に属すことが可能となり、そこから社会的価値が共有され、安定した社会の発展につながるとしている。

　三つ目の社会的包摂は、人々が労働市場、社会保障、教育などのさまざまな社会制度やコミュニティサービスにアクセスできるということと、社会的地位の包摂があげられる。個人が一市民の権利として、利害について意見を述べ、自発的な参加が認められることであり、そのような環境に自由にアクセスすることができる機会があることを意味している。

　最後の社会的エンパワーメントは、人々が相互交流を行うことのできる潜在能力をもち、そのなかで自らの生き方を選び取ることができるということであり（福士　2009：170）、人々の選択範囲の拡大を意味する。SQ の考え方は、基本的に活動者志向であり、これまでのようなトップダウンによるものではなく、自らが主体的に行動を起こすエンパワーメントであるとしている。そのため

には、能力（capabilities）が求められ、社会的な関係というのが非常に重要になってくる。エンパワーメントには「個人」、「社会」、「政治」の三つのタイプがあり、個人に関しては自尊心や自己発展のための知識や技術、経験を得ることであり、社会に関しては個々によって形づくられた関係性のことを指し、政治に関しては、意思決定プロセスへのアクセスや得られる情報、資源に関係することである。

　これまで述べてきたように、SQ は個人が社会的存在として集団に働きかけ社会に受け入れられながら、個人として自己実現を果たしていくうえで求められるさまざまな条件を表している。人間は極めて社会的存在であり、社会参画を通じて個人の自己実現の可能性を見出し、同時に社会を形成していくことが必要であり、このような相互依存により実現された社会が、SQ が想定する社会であるといえる。SQ とはまさに社会の質ということであるが、単純に社会をさまざまな角度から分析する視点を提供するにとどまらず、社会を変えていくために実証研究レベルに置き換え、指標化することで一つの分析ツールとして活用化を目指す考え方であるともいえる。人権の保障や政治への参加、エンパワーメントといった個人の権利や能力といった内容が強調されているのもその特徴であるといえる。これらが普遍的にアジアでも同じように考えられるかといった懸念もあり、それぞれの地域に合う形に再編することが必要であるという意見もある（Wang 2009）。しかしながら、この考え方は、「社会的排除」のない社会を目指すために多元的な領域から社会や施策を見つめ直す際の視点を提供し、人々がそれぞれの能力を活かしつつ、豊かに生きることを可能にする社会的条件、そして自ら主体的に選択するための意識を育むことの必要性を説いており、福祉コミュニティ形成にも必要な視点を提供している。

## 3-2　ソーシャルクオリティの福祉コミュニティへ形成への示唆

　SQ の考え方は、当然ながら社会福祉に焦点をあてた考え方ではないため、地域福祉の実践にあてはめて考える時には、地域福祉をとりまく関係機関、組織、住民などのアクターの関係性などを考慮する必要がある。SQ の社会と個人、コミュニティ集団とシステム・制度という対極にある関係をどのようにつ

*41*

なぐのかという議論はまだ曖昧な部分もあり、逆に福祉の実践で考察することで一つのヒントを与えることになるかもしれない。

実は、岡村は、生活者としての個人とその生活を成立させる基盤である社会制度との相互作用的関係、つまり「社会関係」から生活や生活問題をみていくことの重要性を説いている。また、社会制度との関係によって規定される生活を営む個人は、1）経済的安定、2）職業的安定、3）家族的安定、4）医療の機会、5）教育の機会、6）社会参加の機会、7）文化・娯楽の機会という7種類にのぼる社会生活上の基本的要求をもつ（岡村 1974：3）としている。これらはまさに SQ の提示する四つのカテゴリーにも含まれる内容であり、個人は社会制度との関係のなかで生活を成り立たせている、という主張もまさに SQ がいう個人と社会が相互作用しながら発展していくという考え方と共通するものがあるといえる。

では、SQ の考え方が福祉コミュニティ形成にとりどのような点で重要な意味をもつのであろうか。ここでは、以下3点をあげて説明する。まず、一つ目に、「多元的な領域と多層的な枠組みからの考察」である。例えば社会的孤立の問題がある時に、SQ はシステムとコミュニティ集団の領域から、特にインクルージョンの部分で、労働やサービスへのアクセスや、教育や健康分野への参加、社会との関わり、そしてエンパワーメントの視点からは人権の保障や自己選択の能力などについて考える枠組みを提供してくれる。そして、多角的な視点で課題をみることで複雑に絡み合った問題の背景にある社会構造や課題の生み出される過程についても考察することが可能になる。このようなさまざまな視点を地域福祉活動計画に取り入れることで予防的な役割を果たすことにもつながると考える。

二つ目は、小野も指摘しているように、SQ が排除や孤独という課題に対して「国家の役割を重視する姿勢」をもつ点である（小野 2008：19）。現在日本において、例えば地域包括ケアの推進において地域や住民の役割がよく取り上げられ、国の役割が曖昧になる傾向があるが、個人の社会システムへの統合、そして参加を重視する社会・経済的保障の領域においては、国家の役割がより明確にされ、強調されることが求められると考える。

三つ目は、第2節で日本の福祉コミュニティ論の継承について、「住民の主

体性の構築と住民参加の質」「援護が必要な人の権利擁護と当事者の参加」「価値観への共感と地域の成熟」の三つのポイントをまとめたが、これらの考えをより「系統的に考察する視点」を提供してくれることである。例えば、権利擁護といった時に、これがどの領域で起きることなのか、システムや制度の領域か、それともコミュニティ集団なのか、それによっては意味合いも変わってくる。住民の参加についても同じことがいえ、それがどの領域で何を生み出し、システムや社会、またはコミュニティ集団にどのような影響を及ぼすのか、といった考察が可能となる。個別支援を地域支援につなげるためにはどのようなアプローチが求められるかといったことを検討するうえでも土台や視点を提供してくれる。

　以上はどれも中国での社区形成にとり参考になる視点であると考えるが、特に強調したいのは次に説明する SQ とガバナンスとの関連である。


## 3-3　ソーシャルクオリティとガバナンスの関係

　福祉コミュニティにおけるガバナンスの重要性については、次章にて詳しく触れるが、多様なアクターの参加により、ネットワークが形成され、協働が実現する体制が福祉コミュニティには必要であり、それがまさにガバナンスである。そのガバナンス体制を整備し、機能させることがなぜ重要であるかを SQの視点からみることで、その意義がより明らかになる。

　SQ とガバナンスは相関関係にあるといっても過言ではない。即ち、SQ が向上することで社会的活力が強まり、それによりガバナンスレベルも向上する。同時に、ガバナンス体制がよりよく整備されることで、個人はより自由に能動的な活動が可能となり、社会の活力が高まり、それにより SQ も向上する。

　ここでは、SQ の四つの要素とガバナンスの関係をそれぞれみていきたい。

　まず、個人の社会・経済的保障とガバナンス、住民参加は深く関係しているといえる。つまり、教育や就業、医療などの基本的な社会保障がないと、個人は社会からこぼれ落ち、個人が社会に参加し、貢献することも難しく、結果的に社会の成熟も実現できない。社会保障は個人の社会に対する信頼度を高め、社会的価値観に共感する傾向を生み出す。個人が多元的な社会におけるアク

ターの一員になるためには、社会システムへのアクセスが重要な意味をもつ。

　二つ目に、社会的連帯とガバナンスの関係をみると、これも深く関係しているといえる。社会的共感や社会に対する理解、信頼、結束力、つまりソーシャル・キャピタル[10]が育まれていない状態では社会は無秩序状態になりやすく、このような状況では政府はトップダウンで管理することに力を注ぎ、正常なガバナンス体制を築くのは難しくなる。アクターが信頼できる関係性のもと、平等な立場で発言し皆で議論するガバナンスを実現する過程では、個人が社会の一部であるという意識を育み、連帯感をもてる環境を築くことが重要となる。

　三つ目に、社会的包摂の角度からみたらどうであろうか。ガバナンスの観点からみると、この社会的包摂の充実は重要な内容の一つである。特に、援護が必要な人たちに対する機会や福祉サービス、社会における地位などを考えた時に、平等な待遇を受けられているだろうか、社会に対しあげる声や意見が平等に社会に受け入れられ議論される土壌はつくられているだろうか、といった疑問が生じる。多元的なガバナンス体制においては、彼らの声も確実に反映されることが必要である。

　最後に、エンパワーメントとガバナンスの関係をみてみたい。これまで論じてきたように、平等に社会・経済的安全保障を享受し、社会的包摂、社会的連帯により個人が社会の一員として承認されることで、個人は役割を発揮し、発展していくことが可能となる。当然個人の発展と社会の発展はつながっており、ガバナンスにおいても核心的な要素となる。つまり、社会の発展が目指す価値観には個人の尊厳ある生活があり、これがあって初めて個人は社会との相互作用のなかで自分の才能を発揮できる。このように社会において個人や組織が充分に活躍できる環境や機会がつくられてこそ、エンパワーメントは実現できるのである。ガバナンスにおいても多くのアクターが参加し、多元的な体制のもとそれぞれが力を発揮することで社会は変化、発展し、社会における諸問題を解決に導く糸口がみえてくる。また、社会における自己調整機能が働き、社会的秩序や社会的排除等の課題への改善にもつながる可能性がある。

## 3-4 小括

第3節では、SQの観点から福祉コミュニティ形成への示唆やガバナンスとの関係についてみてきた。社会経済的安全保障、社会的包摂、社会的連帯、社会的エンパワーメントの四つの社会的条件からなるSQの考え方は、私たちの生きる社会の複雑な社会構造や課題を多様な視点から分析する考え方を提供しており、福祉コミュニティ形成において欠かせない構成要素でもある。また、個人と社会の相互の働きかけにより、社会参画を通じて個人の自己実現や社会の発展を目指す考え方は、常に深化する福祉コミュニティのあり方を示しているともいえる。第3章で議論するロジック・モデルを検討する際にも、SQの多元的、多層的な視点は、理想とする社会のあり方を考察する際に重要な根拠を提供している。

そして、SQから指摘される三つの観点は、どれも福祉コミュニティをより系統的に検討することの重要性を示唆している。地域コミュニティは、システム・制度とコミュニティ集団の相互作用により形成されていくものであるため、常にその関係性のなかで課題を捉える必要があるという点も示された。そこで重要となるプラットフォームがガバナンス体制の基礎であり、SQの視点がガバナンス体制の構築に必要不可欠であり、二つが強い相関関係にあることを強調している。

## 第4節　福祉コミュニティのかたち

これまで、日本の福祉コミュニティ理論の変遷や社会的事象との関係を整理し、新たな視点としてSQの考え方を説明してきた。ここでは、今までの議論から導き出されたものをベースに、今後の福祉コミュニティの形成において考えられる一つのかたちを提示してみたい。

黒岩は、さまざまに複雑な課題を抱えている人たちを中心とした支え合う地域づくり、豊かな土壌をつくることが、福祉コミュニティの役割である（和田2018：205）としている。岡村の理論を深く受け継いだ考え方であると同時にそれだけに留まらない、ある意味対象を限定しない地域づくりの重要性を意味

している。また、加藤は、「地域福祉の目的は、ただ単に住民が仲よく安全・安心して暮らすことにあるのではなく、地域が成長することにある。地域が成長するとは、地域住民が自分たち以外の人たちへ配慮できることであり、分断・孤立・疎外されがちな人と連帯し、苦しみを分かち合って生きるようになっていくことである」と記している（加藤 2013：5）。これも、当事者を中心としながらも、地域住民が共感を通じて新たな価値観を生み出していくことの重要性を説いている。

　これらの考え方を少し発展させ、著者はこの福祉コミュニティを常に変化する動的なものであると捉えたい。地域社会は私たちの働きかけによってどのようにも変化する生き物のようである。当然、住民が働きかけをした時にそれに対して反応が返ってくる地域社会でなくては進化はなく、それに関わる個人も地域社会も変化、発展することは難しくなる。その過程には常に、住民同士の議論、衝突、挑戦があり、失敗そして成功がある。これらのプロセスを通じて、地域社会には文化が生まれ、価値観が育まれ、公共の価値観が形成される。

　このように考えると、福祉コミュニティとは住民がそれぞれの価値観や異質性を共有し、尊重し合い、文化の創造を経て、「住民の福祉力と自治意識が強化され、全ての人が取り残されることのない地域社会を形成し、それを常に深化させる状態をつくる」ことではないかと考える。

　これまでの議論から得られた考え方を図に表すと**図 1-3** のようになる。

　これまでの福祉コミュニティの議論に、以下の三つのポイントを追加したい。まず、「システム・制度とコミュニティ集団の融合」の中心にガバナンスとしての「場」を設定することである。この場を通じてさまざまなアクターが議論をし、両極をつなぐ役割を果たす。二つ目に、「場」を公共の価値観を形成する場として位置づけることである。当事者を含む住民や NPO 等の組織が参加し、思考と議論を重ねることで、共感できる価値観が生まれ、これを公共の価値観として発信する。そして、この公共の価値がシステムを変える力をもち、制度や政策が見直されていく動きができる。三つ目は、この両極端は常に行き来することで社会と個人はらせん状のように上へとあがっていく、即ち、発展、向上していくことを意味している。ガバナンスという場を通じて生み出された公共の価値観をシステム・制度にぶつけ、それが受け入れられたり一部でも取

り入れられたりすることで、その結果がまたコミュニティサイドに戻ってくる。この仕組みを内包させることで、個人と社会双方の成熟が可能になることを表している。そして、これまで議論してきた SQ や住民参加、ガバナンスの関係から福祉コミュニティのかたちを図に表したものが**図 1-4** である。

次章にて多様なアクターが参加する福祉ガバナンスについては説明するが、地域コミュニティの中心でこのガバナンスが順調に機能し、SQ の四つの条件がバランスよく満たされることで、点線で示す福祉コミュニティが形成され徐々に拡大していく。形成過程は前述の図 1-3 に示すように、ガバナンスの「場」を中心に思考と議論が繰り返されるわけであるが、その過程で SQ の四つの条件が福祉コミュニティの構成要素としてどの程度満たされるかが重要となる。どれか一つでも欠けるといびつなかたちとなり、福祉コミュニティとしては成り立たないことを意味している。

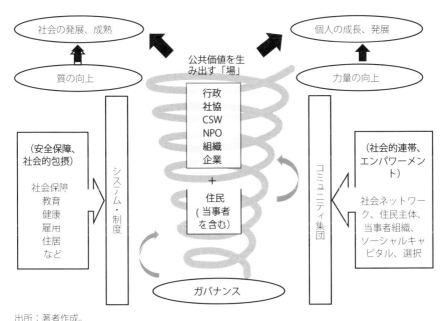

出所：著者作成。
**図 1-3　福祉コミュニティ形成のプロセス**

第1部 福祉コミュニティのかたちとロジック・モデル

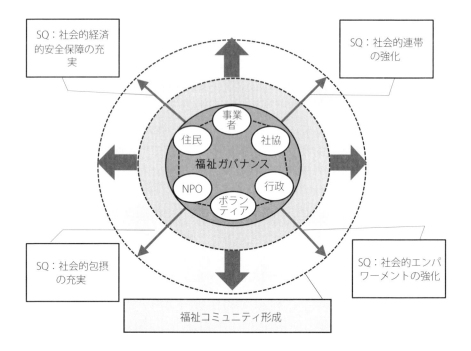

出所：著者作成。
**図 1-4 福祉コミュニティのかたち**

## 章のまとめ

　第1章では、日本の福祉コミュニティ理論の変遷やSQの考え方からの示唆に基づき、最終的に福祉コミュニティの一つのかたちを提示した。これまでの福祉コミュニティの考え方に新たに三つの視点を加え、福祉コミュニティ形成において、ガバナンスの役割や「場」の設定の位置づけの意味などをかたちに落とし込むことで、実践につながるより具体的な方法論を示すことができたと考える。そしてシステム・制度とコミュニティ集団のやりとりを通じてもたらされる個人と社会の発展の結果の先に福祉コミュニティがあるという一つの考え方が、福祉コミュニティ形成のプロセスとして示されたといえる。

一般的に、制度的内容と実践が別々に語られることが多いなか、本節で示された「かたち」において、架橋的な場を設定することで、これまで曖昧であった住民参加の位置づけ、公共的価値観を構築する目的を明確にし、福祉コミュニティ形成の意義をより強調することができたと考える。

## ❖ 注

1）「シーボーム報告」では、「コミュニティ開発事業（community development）」という表現を用い、地域社会にある各種の集団がそれぞれの要求と目標を明確にし、それを自由に表現し、さらにその目標を達成するために住民自らが参加し、集団的対策行動をとるように援助する過程を重要視している。

2）1982年にバークレイ委員会がコミュニティを基盤としたカウンセリングと社会的ケア計画を統合した実践であるコミュニティソーシャルワークを提唱したもの。

3）これらの分類法はその後の地域福祉の現実的な動きのなかで、揺らぎが生じ、古くなった構造から漏れ出した新たな先駆的な取り組みが新しい機能を満たす枠組みやシステムを求めている（牧里 2003:15）と指摘している。

4）もともと、1970年代の高度経済成長期のなかで、多額の税金を使い、社会福祉施設の増設を行い、続いて福祉元年と呼ばれる1973年には老人医療費無料化が実施される。結果的に医療費無料化などの手厚い福祉政策が財政を圧迫し、継続が困難になったことで、ゴールドプランが生まれ、在宅福祉の推進へと流れが変わることになる。

5）この背景には、90年代のバブル経済の崩壊による日本経済の低迷も関連していることがうかがえ、地域コミュニティの役割が検討されるようになったといえる。

6）まず、2000年には、介護保険の施行、ゴールドプラン21の策定、社会福祉法の改正など高齢者をめぐる諸制度の制度化が進み、福祉コミュニティの実態化、つまり、地域において多様な活動が活発化する。

7）活動の推進は分野ごとの計画に沿った実施が求められたが、これまで計画化が行われてこなかった自治体では、当時の厚労省が策定したマニュアルの基礎データを書き直す程度の計画しかつくれない状況であったという。

8）特に、地域福祉における住民参加が強調されるようになった原因として、2000年の社会福祉法における地域福祉の推進主体が、「地域住民」「社会福祉を目的とする事業を経営するもの」「社会福祉活動を行うもの」の3者に規定されたことが大きいといえる。

9）2000年の介護保険の施行にともない、「措置」から「契約」へと移行する際に、認知症や障害等により一人で判断することが難しい人たちの権利を擁護するために、「地域福祉権利擁護事業」が1999年に誕生し、その後2007年に日常生活自立支援事業と改称されている。

10）ソーシャル・キャピタルは「信頼」「社会規範」「ネットワーク」といった人々の協調行動の活発化により、社会の効率性を高めることができる社会組織に特徴的な資本を意味する（厚労省地域保健対策検討会報告書より）。

**第2章**

# 福祉コミュニティに必要な
# ガバナンスと住民参加
## ——誰と一緒に協働し、モチベーションを如何に高めるか？

　福祉コミュニティ形成にとり、住民参加や多様なアクターが当事者となり参加することが重要であることは第1章でも説明したが、この体制や形態をガバナンスと関連させて議論されることはほとんどなく、また反対にガバナンスの角度からも福祉コミュニティと関連づけて議論されることはこれまであまりなかったといえる。ここで改めて福祉コミュニティ形成にとり最も重要と考えられるガバナンスと住民参加について考察していく。特に、中国では社区づくりにおけるガバナンスや住民参加の認識はまだ弱いといえ、日本の地域において実際にこれらがどのように機能し、なぜ必要なのかといった経緯や実施における困難などについて明らかにすることで、参考になる視点が見出せるのではないかと考える。

## 第1節　福祉コミュニティにおけるガバナンス

### 1-1　ガバメントからガバナンスへ

　ガバナンスはこれまで一般的に政治学や行政学の分野で使われることが多かったが、今ではこの概念は社会科学の幅広い分野でも応用されることが多くなっている。社会福祉に関連する公共サービスなどの分野でも公共ガバナンスとして語られている。

ガバナンスとガバメントはどちらも統治のあり方を示す言葉であるが、その方法には大きな違いがある[1]。戸政は「ガバナンス概念についての整理と検討」のなかで、ガバメントからガバナンスへの変化を**図 2-1** のように、それぞれの要素をまとめ対比を行っている。

そもそもなぜガバナンスという概念が登場したのか。それは、図 2-1 にあるように政府によるサービスの限界が明らかになってきたこと、ボランティアやNPO などの組織の台頭、そして民間企業の地域貢献が重視されてきたことなどが主な点であろう。それと、もう少し付け加えるとすれば、私たちの暮らす日常生活が複雑化、多様化し、地域福祉の分野でも住民一人ひとりの役割が求められるようになったことや私たち自身のリテラシーや権利意識の高まりとも関連していると考えられる。これらの現象は中国においてもみられることであり、そういう意味でもガバナンスへの転換が求められているといえる。

金川は、公共ガバナンスの領域として、ネットワークガバナンス、マルチ・レベルガバナンス、コーポレート・ガバナンスなどをあげており、類型によりそれぞれ関連概念も違うことを説明している。そして、マルチレベルで展開す

| ガバメント概念 | ガバナンス概念 |
|---|---|
| ①マーケットメカニズムの観点からの改革があまり重視されない | ①行政改革をはじめとした政府の諸改革の進行 |
| ②権力や権威、暴力を背景とした「統治」が主となっている | ②政府による統治活動の変容 |
| ③政府があらゆる公共的問題を解決する、もしくは、解決しないといけないと考えられている | ③政府の限界の明確化 |
| ④ボランティア、NGO・NPOなどがあまり存在していない、もしくはせいぜい行政の補完役程度 | ④ボランティア、NGO・NPOの台頭 |
| ⑤公共政策の担い手は政府のみで、民間企業はせいぜい政府に影響を与えるいちアクター | ⑤民間企業も公共政策の担い手であるという認識の定着 |
| ⑥ヒエラルキーという言葉だけでも現状をうまく説明できる | ⑥ネットワーク論やネットワーク概念の定着 |

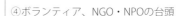

出所：戸政佳昭『ガバナンス概念についての整理と検討』：312 をもとに著者が一部修正。

**図 2-1　ガバメントからガバナンスへ**

るガバナンスのなかで「コミュニティガバナンス」が重要としているが、その背景には、グローバル化が進むなかで、より多くの人が、手が届く範囲でガバナンスに参加することで、何らかの利益を得つつ、同時に不利益を被らないようにしていく必要があるということがある。

　ガバナンス概念として、重要なポイントをまとめると、1）行政、地域、企業、NPO、住民などの各アクター間の相互依存関係、2）上下関係から水平の関係への移行、3）多様なアクターによる共治、などがあげられるだろう。しかしながら、より重要なのはアクターの相互関係のみに留まらず、それらからなるネットワークがどのように構成されており、如何に調整やマネジメントが行われているのかといった点に注目することが必要であると考える。その点についても、第2章第1節の1-3のガバナンスと福祉コミュニティの部分で説明することとする。

## 1-2 ガバナンスとソーシャル・キャピタルの関係

　第1章のSQの社会的連帯の部分で、ソーシャル・キャピタルとガバナンスの関係について言及した。そこでは、ソーシャル・キャピタルが弱い状況では社会が無秩序になりやすく、政府はトップダウンの管理方法を選ばざるを得ないと説明した。「集合的効力感」や「コミュニティのレジリエンス」といった概念とも密接な関係性をもっている（牧里 2017：62）。ソーシャル・キャピタルは地域コミュニティ形成において潤滑油としての機能をもち、例えば行政と住民の協働においてもそれがあるとないとでは、運営の際に生じる調整コストに差がでるといわれている。社会の凝集性が高まり、それに応じて地域コミュニティへの帰属意識も高くなると、参加意欲も高くなる。つまり、多くのアクターが積極的に参加し、民主的な協働体制の構築が可能となり、行政にとっても住民のまとまりのある課題意識の把握や課題への対応が容易になるといった利点が考えられる。ソーシャル・キャピタルはガバナンスにとり有用であるというわけである。しかしながら、負の側面もあることに注意が必要である。それは、ソーシャル・キャピタルの強まりによる社会的排除の発生や自由の制限などである。よそ者やネットワークに入れない人、強い連帯意識に馴染めない

第1部　福祉コミュニティのかたちとロジック・モデル

人を寛容に受け入れられないなど、活動への参加を強制してしまうことで自由を制限してしまうといった問題が起きる。

　このようなことに注意しながらソーシャル・キャピタルを醸成するためにはどうしたらいいであろうか。それは、第2節の住民参加とも関連してくるが、まずは住民同士がさまざまな切り口で何らかの活動に参加し、関係づくりをするというのが最初の手段であると考える。地域には、老人会、女性会などの地縁組織や子育ての親の会、サークル活動、NPO組織が展開する居場所などさまざまな小グループが存在しており、最初のきっかけとして何らかの住民グループに参加し、つながりやお互い様の関係づくりを試みることである。そして、二つ目は、各小グループが横の連携関係を築くことである。グループや組織間のつながりや協働体制をつくる、即ちガバナンス構築の始まりである。住民が横でつながることで、より大きな影響力と行動力をもつことが可能になる。まさに住民のエンパワーメントのプロセスであるといえよう。

　このように考えると、順調なガバナンスの展開にはソーシャル・キャピタルが必要であり、またソーシャル・キャピタルを醸成するにもガバナンスというネットワークは有効的な働きをし、両者は互いの土台として重要な役割を果たすことがわかる。

## 1-3　ガバナンスと福祉コミュニティの関係

　それでは、なぜ福祉コミュニティ形成にとりガバナンスが必要なのであろうか。そして具体的にどのような形でそれが実現できるのか考察してみたい。

　日本では在宅介護の推進や財政的な逼迫の問題等により、地域における行政運営も変化し、地域住民の積極的な参画や社会資源の有効的な活用が求められるようになったことは序章で説明した。現在、日本では地域包括ケアシステムの推進や地域共生社会の実現のために、「自助・互助・共助・公助」という地域全体を皆で支え合うサポート体制の構築が進められ、住民ボランティアやNPOなどの民間組織、企業などがそれぞれ役割をもって地域活動に参画することが期待されている。それは、協働する行政の対等なパートナーということになる。

このような背景のなか、福祉コミュニティ形成においては、より多くのステークホルダーが参加することが求められる。なぜなら、私たちの生きる社会はより複雑化し、さまざまなバックグラウンドをもった人たちが生活しており、そのような人たちが地域コミュニティにおける課題や計画づくりなどの話し合いに関わることで、より多くの課題解決につながる方法を導き出すことが可能になるからである。自分たちの暮らす地域コミュニティのあり方について、住民自らが積極的に考えることで地域コミュニティに便益をもたらすことも可能になる。民主的にコントロールされた住民組織はより効果的に幅広い社会的便益、そしてコミュニティにとっての便益を提供できる（金川 2018：212）。よって、福祉コミュニティには多様なアクターが参加するガバナンス構築が必要なのである。

このように考えると、さまざまな領域が存在する公共ガバナンスのなかで[2]、福祉コミュニティ形成に必要なのは、前述にもあるとおりコミュニティガバナンスであるといえよう。これは、さまざまな機関や組織が関係し合っておさめるプロセスがマルチに展開することであり、地域コミュニティという基礎的なレベルにおいて私たちの関与が可能な領域といえる。金川は、それは単なる統治方法というだけでなく、コミュニティとして人々に決定権を与え、それを通じて人々が力をつける、つまりエンパワーされる仕組みであるとしている（金川 2018：215）。そして、このマルチレベルということは行政機関の参加も期待され、そこで住民と行政の間での議論や決定が共有されることで住民が政策決定へ影響を及ぼすことも可能にし、地域コミュニティにおける課題解決への道筋を立てることにもつながるのである。よって、コミュニティガバナンスとは、ただ単に行政が住民に会議へ参加させ意見を聞くということにとどまらず、実際に意思決定の権限を行政がコミュニティと共有する、まさに協働体制で行われることを意味するといえる。

ここで注意すべき点は、この参加や協働作業の方法である。そもそも多くのアクターの参加なくしてコミュニティガバナンスは成り立たないわけであるが、アクターが多元的であれば民主的であり、ガバナンスは問題ないということではない。むしろこれを如何に実現するかが大きな課題であり、各アクターが活動を展開していくプロセスに注目しなければならない。具体的には、例えば問

第1部　福祉コミュニティのかたちとロジック・モデル

題が認識された時、それを改善し何らかの方向づけを行う際に各アクターがその決定プロセスや具体的な検討に参加し、納得したうえで活動を展開しているか、ということである。

実際に著者が名古屋市でコミュニティサポーター[3]として活動していた際に感じたことは、参加する住民の顔ぶれがほとんどいつも同じであるという問題である。行政サイドも、説明にさく手間や衝突のリスクを下げるなどの目的から、常に参加し状況をよく理解する人に任せることを安易に受け入れてしまう傾向にあることも事実である。一定の人が経験を積み重ねるごとに、その他の人は参加するモチベーションを失っていく。ここで発生する参加の偏向、つまり排除の可能性を如何に低く抑えられるかがコミュニティガバナンスを成功させるうえで非常に重要な鍵といえる。

これまでの説明で、福祉コミュニティの形成にはコミュニティガバナンスが重要であり、特にそのプロセスに注意する必要があることが強調された。しかしながら、コミュニティガバナンス実現の重要な手段である住民参加はそう簡単に実現できるものではない。そこで必要になるのが、仲介、調整役としてCSWや行政や社協の担当者などの介入であり、より多くの人が参加するための動機づけやファシリテートが欠かせない。これは、一朝一夕で実現できることではなく、きめ細かな制度設計と継続的な機会の提供が求められる。住民参加の意義やその具体的方法については次の節で考察を続けることにしたい。

第1章第4節では、福祉コミュニティの形成プロセスについて一つの形を導き出したが、その考え方に基づき、今度は福祉コミュニティにおける協働体制、つまり福祉ガバナンスの形について図で表すと**図2-2**のようになる。

この点線で囲まれている図はある小地域の福祉ガバナンスの形である。ステークホルダーには、住民、NPO、事業者、医療関係者、ボランティア団体、行政、社協、地域包括センター、社会福祉法人、大学などが含まれる。まず、活動ごとに必要なステークホルダーが参加し、それぞれがネットワークをつくり活動を展開する。そして、各活動の情報や課題などを必要に応じて全体に共有し、連携が求められる場合はまた新たなネットワーク構築をする。一つひとつの活動が必要不可欠なコンポーネントとして地域のなかでつながっていく。この際に各活動内のネットワークづくりや各活動間の連携づくりなどの調

第2章　福祉コミュニティに必要なガバナンスと住民参加——誰と一緒に協働し、モチベーションを如何に高めるか？

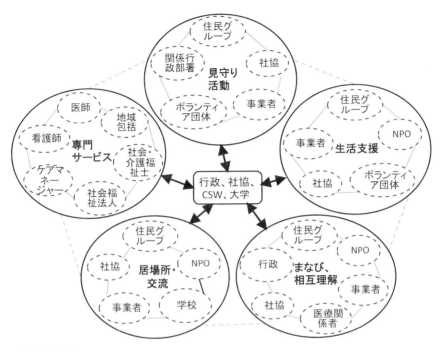

出所：著者作成。
**図2-2　福祉ガバナンスのかたち**

整を行うのが、行政や社協、CSW、大学関係者の役割であり、特に活動開始の初期や新しい活動を展開する際には重要な役割を果たす。注意する点としては、例えば、住民グループは活動ごとに参加するメンバーもさまざまであるが、ネットワークには当事者グループも入るような配慮が求められる点や、行政部署はテーマごとに関係部署が参加し、それぞれの活動の経験や情報、課題に関しては部署間で共有することなどがあげられる。図2-2においては、五つの活動を例にあげているが、これらの他にも健康づくりやまちづくり、情報発信など、福祉コミュニティの形成に必要な活動がある。重要なのは、どの活動においても、必要なステークホルダーが対等な立場で参加し、共に活動を実施しながら連携を深め、活動に関わる個人がエンパワーされ成長を果たすことである。そして、そのことによりそれぞれのグループ活動が活発化し、地域コミュニ

57

第1部　福祉コミュニティのかたちとロジック・モデル

ティ全体に多様なネットワークが張り巡らされ、受容力と相互信頼の醸成を通じて成熟していくことである。

## 1-4 小括

　福祉コミュニティ形成の実践において必要なガバナンスはどのように形成されるのかについて、一つはガバメントからの変遷の経緯から、もう一つはソーシャル・キャピタルとの関係性から明らかにした。そして、より複雑化、多様化した現代社会において必要なコミュニティガバナンス体制として、多くのステークホルダーが対等なパートナーとして参加し、決定権を得ることでエンパワーされる仕組みを包含する必要があることに言及した。ガバナンスとは体制の問題だけに留まらず、ものごとの決定プロセスへの参加が重要であることを説明している。

　実践においては、住民任せではなく、仲介、調整役としてCSWや行政、社協の関係者が動機づけやファシリテーターとして介入することが求められるとし、「行政やNPO、福祉関連機関、事業者、ボランティア、住民などがテーマごとにネットワークをつくり福祉の課題解決にむけて対等な立場で連携し、協働する体制」を福祉ガバナンスのかたちとして示した。これにより、さまざまなアクターが多様な形で地域に関わりながらネットワーク化されるガバナンスとしての理想のかたちを導き出している。

## 第2節　福祉コミュニティにおける住民参加

　日本では、2017年に社会福祉法の改正を受け、国から出されたガイドラインのなかで、地域住民が主体的に地域生活課題を把握し、解決に取り組むことができる地域づくりを進めることをあげている。それを受ける形で、住民主体、住民参加は地方行政が地域福祉を推進していくなかで重要な手段の一つとなっている。また、社会福祉法人が、地域における公益的な取り組みの実施に関する責務も明記され、さまざまな地域生活課題や福祉ニーズへの対応が期待されているといえる。ここでは、福祉コミュニティ形成に求められる住民参加とは

どういうものなのか、またそれを実現するためには何が必要であるのか明らか
にしたい。

## 2-1 住民参加の意味

前述でコミュニティガバナンスの実現の重要な要素として、さまざまなス
テークホルダーの参画を述べたが、そのなかでも住民参加は最も重要であると
されている。一方で、日本の多くの自治体ではその実現が困難であることがよ
く事例として取り上げられている。ここでは、福祉コミュニティに必要な住民
参加のあり方について考えてみたい。

住民参加というとボランティア活動と結びつけて考える場合が多い。その形
態は国の状況によって特徴はさまざまであるが、共通の要件として、自発性や
主体性、無償性、補完性などがある。右田は日本におけるボランティア活動
は主に二つの方向から考えられるとし、一つはいわゆる官製や委嘱型ボラン
ティア、もう一つは市民的に取り組まれた自発的活動であるとしている（右田
1993：33）。そして、戦後のボランティア活動について、たえず行政からの「育
成」の対象として捉えられてきた日本社会の特質を指摘し、ボランティア活動
と封建的な共同体相互扶助の仕組みが結びついていた歴史的背景を説明してい
る。一方で事例として豊かなボランティア精神に基づいた営みも草の根レベル
では存在しており、支配の仕組みのなかでゆがめられてきたという社会の複雑
性にも言及している。日本におけるこのような以前の住民統制、教化とも呼べ
る主体性の弱いボランティア活動は、行政に従属する傾向にある現在の中国の
ボランティア活動に似ている点があると思われる。

この住民参加と政策との関係は切り離して考えることはできないだろう。ま
ず、先にも述べたように、2000年の社会福祉事業法の改正によって改名された
社会福祉法では、地域福祉の推進が明確に位置づけられ、第4条では、地域
住民が地域社会を構成する一員として地域福祉の推進に努めなければならない
ことが示された。そして、その後2020年の改正社会福祉法においても、地域
住民の地域福祉活動への参加を促進するための環境整備を行うことと規定して
いる。このように、日本では地域住民が地域福祉の担い手として制度のなかで

第1部　福祉コミュニティのかたちとロジック・モデル

段階的に位置づけられてきた経緯があり、特に近年は介護保険制度との関連も
あり、ますます強調されるようになってきている。

　牧里は、地域福祉においては、住民の実践によるインフォーマルなサポート
とサービスの受け手である住民は必要なサービスを使いこなす力が求められる
としている（牧里 2003：127-128）。つまり、実践主体と利用主体双方がそれぞ
れの立場からの参加を通じて相互の状況や課題を理解、共感し、問題意識を
もって施策への働きかけをしていくことが求められるというわけである。具体
的には、例えば地域福祉活動計画の策定過程に実践主体と利用主体の声を反映
させ、そして実践、評価の全ての工程に住民が主体的に関わることで住民がエ
ンパワーされ、右田の意味する最終的な自治型地域福祉を目指すことが可能と
なる。

　右田は、住民自身が自分たちのもっているものを発展させるためには、組織
化が必要であるとし、これにより地域の生活課題解決が可能になるとしている。
ここで強調されるのは、住民の内発性であり、あくまでも政策決定、計画策定
への主体的な関わりが重要であることをあげている。これを通じて新たな「公
共」の構築に向かうことこそ、地域福祉の内実化と捉えている（右田 1993：
23）。

　福祉コミュニティが目指す住民参加とは、さまざまな段階に分けられると考
える。例えば、最初は活動への参加、ボランティアへの参加などがあり、次の
段階として課題や問題意識を共有する参加、解決策の提案をする参加などがあ
る。さらに主体的になると計画策定への参加となり、そして最終的に目指す形
は、計画策定から実施、評価も全て主体的に関わる自治型の参加ということに
なる。自治型の参加にたどり着くまでの過程には多くの学習と実践が求められ
容易ではないが、なぜそこまでして参加が求められるのか、その意義について
次の 2-2 で説明していきたい。

## 2-2　住民参加の意義

　ここで、少し別の視点からみてみたい。幸福度と精神的な豊かさの関連をみ
ると人間の幸福は人との関わりや生きがいをもつことと大きく関連しているこ

とが明らかになっている。幸福度に関する研究は、1974 年にアメリカの経済学者であるリチャード・イースタリンが経済の発展が必ずしも幸福をもたらさないという「幸福のパラドックス（Easterlin Paradox）」を発表したことで、この分野に関する研究が進んできたといえる。また、ブータン王国が 2005 年から取り入れた国民総幸福量（GNH: Gross National Happiness）も有名であり、経済的な豊かさだけでなく精神的な豊かさにも注目した取り組みは話題となり、世界でも幸福度が注目を浴びるようになった。日本でも、特に 2011 年の東日本大震災を機に、幸福度を取り入れる自治体も増えてきたといえる。広井が「定常型社会」の特徴のなかで述べているように、コミュニティや自然、公共性やスピリチュアリティ等に関わる、人間のより高次のニーズや欲求に関わる領域、例えば地域活動を通じた人との関わりや NPO 活動やコミュニティビジネス等を通じた生きがいなどをもつことが、真に豊かで幸せを感じられる社会への転換につながることを意味しているともいえるであろう（広井 2015）。特に人生の晩年期においては、地域社会を基盤にさまざまな関係性のもとに繰り広げられる。よって、生活の拠点である地域との関わりや周囲との人間関係をどのように築くかは住民それぞれにとり重要な意味をもつ。即ち、生きがいとしての参加である。

　二つ目の視点は、権利意識の現れとしての参加である。特に、人間関係が希薄化する現在において、社会に埋もれてみつけにくい課題が多くある。ガバナンスにおいても住民は重要なステークホルダーの一員であり、自分や周囲の課題を誰にでも起こり得る課題として権利を意識した意思表示や提言を行うことや当事者が当事者組織などを通じて権利主張を行うことは重要である。松原はコミュニティ意識を論じるなかで、生活する人間の主体化の度合いと開かれたパブリック的な意識、つまり、地域社会に対し、自分たちがつくり上げるものとして主体的な意識で関わろうとしているか、そして、地域の課題に対し市民的権利を意識した普遍的な態度で対応しようとしているかといった視点で住民のタイプを想定している（松原 1973：18）。そのなかで、主体的な意識が高く、普遍主義的利害意識が強い場合は、「コミュニティ」型の意識モデルであるとし、この形を実現するためのコミュニティ運動の道筋を論じている。そのプロセスで重要なことは、参加する人々がコミュニティに自己を位置づけ、そこで

の役割意識を高めることで、個人的価値意識も高まるとしている。

　これらの視点が実際に福祉コミュニティ形成においてどのような意義をもつのか、以下三つの点で整理する。

　まず一つ目は、参加を通じて当事者が問題を意識化し、自分の考えや行動の役割や貢献に気づき、効力感を得ることである。住民が地域活動に参加するということは、そこで何らかの交流が行われ、例えば困難を抱えながらそこに住む人のことを知り、その人のことや生活の環境に対し理解を深めることにつながる。要するに当事者の気づきから意識が変化し、目標にむけて実践することで周りに認められ個人がエンパワーされるということである。

　二つ目に、活動を通じてさまざまなグループが新たな社会資源として発展し、ソーシャル・キャピタルが蓄積され、力を蓄えることである。仲間との感情の共有や共感、励ましなどを通じて仲間意識が強まり、グループ運営が促進されることで地域においてより大きな効力を発揮することができる。例えば、個別支援を通じて組織がエンパワーされることであり、地域を変えていく過程に必要なプロセスの一つといえる。

　三つ目は、組織やグループ活動のネットワークが形成され、互いの議論や連携を通じて地域をよりよいものへと変えていく原動力が生まれ、普遍的権利を意識したソーシャルアクションへとつながることで地域がより成熟することである。地域の問題を自分たちの問題として捉え、力を集結させ行動を積み重ねることで地域がエンパワーされていく。この段階では住民自身が企画運営を行い住民自治に近い形で参加が可能となる。

　これまでの議論を図に現すと**図 2-3** のようになる。エンパワーメントを個人、組織・グループ、地域社会のそれぞれのレベルにおいて整理すると、住民個人の参加をきっかけに個人が力をつけ、組織として発展し、それが地域の成熟につながる流れであることがわかる。そして、個人と組織、組織と地域社会、個人と地域社会が互いに刺激、影響し合いながらそれぞれがエンパワーメントされていく。まさに、エンパワーメントはプロセスであると同時に結果でもあり、常に深化するものといえる。要するに、住民参加を通じたエンパワーメントのプロセスを通じて、人々の QOL の向上や具体的行動により社会構造に変化を生じさせ、結果的に福祉コミュニティ形成につながるのである。さまざまな人

第2章 福祉コミュニティに必要なガバナンスと住民参加——誰と一緒に協働し、モチベーションを如何に高めるか？

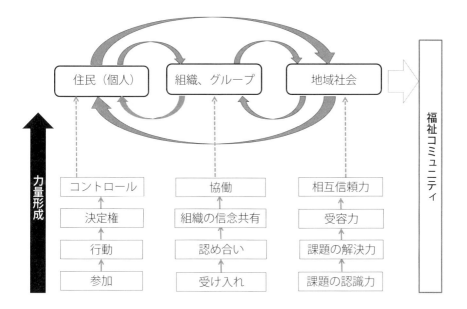

出所：著者作成。
図2-3　参加によるエンパワーメントのプロセス

が暮らす地域において、より多くの人が地域活動に関われる環境を築くことで、多様性を受け入れる住みやすい地域社会の構築が可能になるといえる。先述でのガバナンスと関連させると、健全なガバナンスが機能することで初めて本当の意味でも住民参加が可能となり、地域のエンパワーメントが実現し、福祉コミュニティ形成へとつながるのである。

## 2-3　より主体的な住民参加実現のために

それでは、より主体的な参加を実現するためにはどうしたらよいであろうか。
まず、岡村は松原の例を引用しながら真の住民の主体性につき、以下のように述べている。「何が真に住民の個別利害であるか」を明らかにするには、住民による自由な自己表現や自己主張が許され、相互理解が深まらなければ、地域問題を自ら発見し、その解決にむけ主体的に関わるという行動は実現できな

いということである。そして、自由な発言がなされない状況においては、住民の要求の多くは物的・環境的問題に関連するのに対し、発言が自由になり相互理解が深まると、内面的・心理的な要求が多く出てくる傾向にある（岡村1974：76）という。つまり、自由な表現が許される環境の下、個人の生活に対する不満や要求の自己表現を通じて、周囲がそれに共感し、相互理解がすすむことで、困難な状況を切り抜けるための社会的な組織運動が展開され、住民自身が問題解決のための主体的な責任を引き受けることにつながっていく。そして最終的に住民自身の価値意識に変革をもたらすことになる。

　次に著者の経験から考えられる視点について紹介したい。著者が名古屋市で地域活動に関わってきたなかで常に感じていたことは、住民が活動に参加する「きっかけ」が非常に重要であるということと、モチベーションを維持できる人とそうでない人の違いはなんであろうか、という疑問である。

　そこで、インセンティブやモチベーションに目をむけてみたい。一般的に経済活動等のビジネスの世界で使われることが多いインセンティブというのは、外発的動機づけ（誘引）であり、金銭的なものや名誉、昇進、評価、地位のように、ある行動を起こすためのきっかけといえる。社会生活の観点からみると、松原の指摘するように、現状に対する不満感が強ければ強いほど、動機づけや原動力は大きくなるということも考えられる。また、興味や関心、習慣や儀礼といったこともあるだろう。これに対してモチベーションは内発的動機づけ（動因）であり個人が内面に形成する「やる気」といえる。この「やる気」はあれば意欲につながるもので、それを形成するためのモチベーション・ドライバーの一つとしてインセンティブが位置づけられる。

　地域活動にすでに参加している住民の人たちの多くは、ある種のインセンティブによる参加に留まらず、自分のなかにモチベーションを明確にもって活動をしていると考えられる。モチベーションを維持する重要なインセンティブとして、評価的なもの、友人などの人間関係によるもの、価値観的なもの、自己実現的なものが重要な要素としてあげられるであろう。そして、これらのインセンティブが複数組み合さることで、満足感や達成感、生きがいを生み出す欲求によって行動していくようになる。すでに地域活動に参加している人たちが行動変容に至る過程にはこれらのインセンティブをきっかけにしてモチベー

ションにまで引き上げていく自分なりのコミットメントと納得が求められ、この内在化には一定の時間を要したと思われる。

　地域にはさまざまなバックグラウンドをもつ人がおり、価値観や危機意識の程度など考え方も人それぞれで、当然インセンティブやモチベーションも違う。より多くの人に継続的に地域活動に参加してもらうには、多様化する住民にとって何がモチベーションになっているかを認識し、どのようなインセンティブが効果的かを見極めることである。その人の得意分野が最も活かされるようなミッションを与えることも時には有効であると考える。コミュニティビジネスといった形でさまざまなサービスを展開する事例もあり、元気な高齢者が地域との接点をもち、企業での経験を地域で活かすことがやりがい、生きがいにつながっている。またある人は健康に関する知識をつけることで危機感が高まり、モチベーション形成につながる可能性もある。

　いずれにしても、具体的な行動として第一歩を踏み出すためのわかりやすい情報提供とできるだけ多くの選択肢の提供、そして内在化のプロセスにおいてその行動に価値を付加し評価する仕組みが必要だと考える。ある種の内発的動因からモチベーションが形成されると活動継続性が担保され、貢献感、満足感、生きがいなどを感じるようになる。そして地域からの承認や認知、鼓舞を得ることで自己効力感として強く意識され、また一体感や帰属意識も高まり、内発的発展へとつながっていく。この内発的発展は、地域での交流や協働作業等により人々の潜在能力が引き出され、またそれにより地域もより発展、成熟していくといえる。そしてこの個人の自由な新しい発展や展開、広がりが最終的に福祉コミュニティ形成へとつながっていくのではないだろうか。**図2-4**は上述の説明を表したものである。

　実際に地域には第一歩を踏み出すためのインセンティブやモチベーションにつながる活動オプションが充分に用意されているとは言い難い。上述の議論を踏まえてそのための対策を考察すると、二つの内容があげられる。

　まず一つ目は、地域において住民が参画できるさまざまな機会を如何に多くつくれるかということが重要である。住民の意識や嗜好も多様化するなかで、例えば、ある人は料理が得意であったり、またある人は音楽が好きだったり、またある人は外国語が達者であるかもしれない。また活動には参加できな

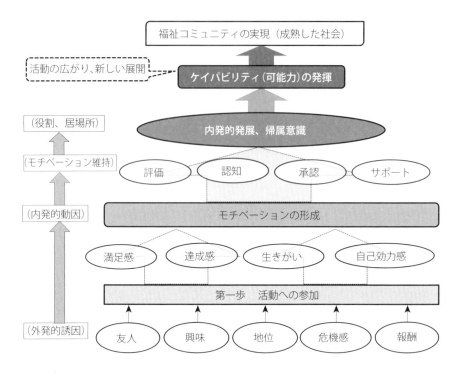

出所：内山（2018, 2020）をもとに著者一部修正。
**図 2-4　外発的要因からの内在化プロセス**

くても場所は提供できるという人、資金的な支援は可能だという人、それぞれ関わり方はさまざまであってよい。また、社会的役割が明確に与えられることが、特に会社等を退職後の高齢者にとってはきっかけとなる場合がある。これまでのようなサロン的な活動に留まらず、そこに付加価値をつけてコミュニティビジネス的な要素をもたせることでインセンティブにつなげ、住民の主体形成を綿密に考えていく必要がある。

　二つ目は、住民の自主的な取り組みを行政や社協、CSW などがサポートする体制を構築することである。すなわち、ガバナンスとコーディネーターの関与を体制に位置づけることが求められる。自助や互助の役割が強調されているが、個々を切り離して考えるのではなく、住民による互助の取り組みなどを行

政、社協、CSW による支援とうまくつなげ循環させていくことが重要である。つまり、互助は共助の一環であり、共助なくして互助は成り立たないということである。

　住民参加を促進し、福祉コミュニティを形成するには、福祉の枠を超えた新しい視点も求められる。例えば、まちづくりやコミュニティビジネスなどの活動に住民が興味をもち楽しく活躍できる機会がどれだけ用意され、またはつくり出せるか。そしてそれらの機会を利用し住民自身がどこまで内発的なモチベーションにまで引き上げていけるか。住民の意識変容から行動変容に導く作業は容易ではないからこそ、段階的な介入と育成を重ねる丁寧な方法を見出していく必要があると考える。

## 2-4　コミュニティソーシャルワークの住民参加における役割

　それでは、その段階的介入の具体的方法についてみていきたい。実際に次章にて実践における福祉コミュニティのデザイン・マトリックスを検討する際にも、CSW による介入は欠かせない活動として位置づけている。また、中国の社区において現在はあまり重視されていないソーシャルワークの今後の役割について考える際の参考にできると考える。はじめに、日本でも比較的新しいコミュニティソーシャルワークの考え方についてその変遷の経緯を簡単に紹介したい。

　大橋は、1960 年代まで遡り、当時の公民館を軸とした社会教育や共同学習の実践においてコミュニティオーガニゼーションの方法が有効であるとしていた。その後、日本の地方自治体が計画行政化していくなかで、より地域の生活課題を計画的に解決するために、地域福祉計画という考え方が導入され、それにともない、地域社会開発的な要素も含むコミュニティワークという呼び方へと転換していく。そして、ボランティア活動などが推進されるなかで、住民の力量を高めることの必要性を感じ、そのための福祉教育が進められていく。また、地域住民の生活ニーズを把握し、課題を抱える個人や家族への支援が求められるようになり、個別課題を地域課題として解決していく取り組みが必要とされてくる。このような背景のもと、住民の社会福祉への関心と理解を深め、イン

フォーマルケアやサポートネットワークづくりに加え、社会環境のアセスメントや問題解決への支援方策の策定、生活環境の改善などを総合的に同時並行で推進していく活動や機能が求められているとし、これをコミュニティソーシャルワークと位置づけている（宮城ほか 2019:27-32）。要するに、より個人の課題やニーズに焦点をあてながら、それを地域全体で解決する方法を模索するアプローチであるといえる。

　それでは、どのような視点で住民参加の促進を行えばよいのだろうか。住民参加に関する段階的なサポートにはコーディネーター的な役割を果たす人物が必要であることはすでに述べた。それは、行政や社協の職員であったり、CSW として活動する人であったり、時には大学の関係者や住民組織の代表であったり地域の状況に応じてさまざまである。

　ここでは、コミュニティワークには欠かせない CSW の役割に焦点をあて、これまでの議論に基づき、福祉コミュニティ形成にとり必要な CSW のステージに応じたアプローチについて考察する（**表 2-1**）。

　まず、地域の課題や住民のインセンティブについて見極めたあと、わかりやすい情報提供とできるだけ多様な選択肢の提供をすることである。住民個人のエンパワーメントにおいて必要なのは、自己表現できる場やそれを受け入れてくれる環境、そして達成感を感じられる評価である。つまり、内在化のプロセスにおいてその行動に価値を付加し評価する仕組みが必要だと考える。

　次に、ある程度活動への参加が継続性を維持できてきた段階で、今度は内発的動因からモチベーションを引き上げるためのサポートである。この段階では、そのグループ活動が如何に地域のために役立っているかわかりやすく示し、地域にも広く宣伝することが大事であると考える。また地域の存在するさまざまな社会資源同士をつなぎ、連携を促進させるようなきっかけづくりも有効である。そうすることで仲間意識も強まり、モチベーションが形成されると活動継続性が担保され、貢献感、満足感、生きがいなどをより一層感じるようになる。行政側は地域における重要な社会資源や戦力としてグループの意思決定を尊重し功績を認め、地域を共に支えるパートナーとして位置づける考え方をもつことである。

　そして次の段階として、CSW はより住民の自主性を大事にし、意見や提案

を積極的に受け入れ、政策や地域計画を共につくる必要不可欠な存在として認める。また、エビデンスをもとにした効果を明確に周囲に示すことで、住民が地域の変化を自覚し、地域に対する愛着をより強めることができる。住民は、活動を通じて地域からの承認や認知、鼓舞を得ることで自己効力感を強く意識し、また一体感や帰属意識も高まり、内発的発展へとつながっていく。

CSW は住民個人、組織、地域のエンパワーメントに対し段階的な支援を実施することが必要であり、きっかけづくりから内発的発展に至るまでの一連の

### 表2-1　ステージに応じた CSW の介入

| | 段階 | CSW によるアプローチ | 住民に期待される成果 |
|---|---|---|---|
| 1 | 第一歩の活動への参加 | ・地域の課題や住民のインセンティブを見極める<br>・分かりやすい情報提供（メッセージの発信）<br>・できるだけ多くの選択肢の提供 | ・活動を楽しいと感じる<br>・また参加したいと思う |
| 2 | モチベーションの形成 | ・自己表現できる場やそれを受け入れてくれる環境、そして達成感を感じられる評価 | ・仲間意識の強化<br>・モチベーションが形成され活動が継続 |
| 3 | モチベーションの継続／内発的発展／帰属意識の高まり | ・そのグループ活動が如何に地域のために役立っているか分かりやすく示し、地域にも広く宣伝する<br>・地域の存在するさまざまな社会資源同士をつなぎ、連携を促進させるようなきっかけ作り<br>・行政側は地域における重要な社会資源や戦力としてグループの意思決定を尊重し功績を認め、地域を共に支えるパートナーとして位置づける<br>・個別支援と地域支援を融合させることで地域づくりへとつなげる | ・貢献感、満足感、生きがいなどを感じる<br>・活動を通じて地域からの承認や認知、鼓舞を得ることで自己効力感を強く意識<br>・一体感や帰属意識が高まる<br>・住民が地域の変化を自覚し、地域に対する愛着をより強める |
| 4 | 活動の広がり、新しい展開 | ・住民の自主性を大事にし、共に政策や地域計画を策定する欠かせないパートナーとして位置づける<br>・エビデンスを基にした効果を明確に周囲に示す | ・個人の自由な新しい発展や展開、広がりが最終的に福祉コミュニティ形成へとつながっていく |

出所：著者作成。

継続した働きかけとサポートは個人と地域を結びつけることを常に意識しながら行うことが求められる。

## 2-5 小括

　第2節では、まず、福祉コミュニティが目指すものは住民自治型の参加であり、それは責任や役割をともない、エンパワーメントと深く結びついた参加であるとした。当然ながらその過程には多くの学習と実践が求められ実現は容易ではないが、なぜそこまで求める必要があるのか。その意義として、個人としてのエンパワーメント、組織としてのエンパワーメント、そしてソーシャルアクションによる地域のエンパワーメントの3段階にまとめ、それぞれが互いに影響し合いながら発展、成熟することが福祉コミュニティ形成につながることを強調している。

　それでは、より主体的な住民参加を実現するためにはどうしたらよいかという点につき、まず、住民の内心からでる欲求や不満が自由に露出できる環境が保障されていることを前提としてあげている。そして、外発的要因であるインセンティブやモチベーションが必要であり、そこから段階を経ながら自己効力感や帰属意識を高めることで、最終的には内発性に基づく主体的な活動へとつながるとしている。ただ、それにはCSWなどのサポートは欠かせず、丁寧な介入が求められるとし、段階ごとの介入方法についても、情報の提供や積極的に受け入れる態度、客観的な評価、エビデンスに基づく効果の提示などをあげながら一連の試練の方法をまとめている。

　住民参加の重要性は多くの議論において常にいわれていることであるが、この節ではその意義や住民参加の仕組みについて、それぞれステージごとに図式化を通じて説明したことで、実践におけるCSWなどの介入方法がより明確に示されたといえる。

## 章のまとめ

　第2章では、第1章で導き出した福祉コミュニティのかたちを如何に実践するかという点につき、ガバナンスと住民参加の視点から方法論を明らかにした。

　まず、福祉ガバナンス体制としてさまざまなステークホルダーが地域の多様なグループに参加し、ネットワークをつくりながら可能な連携を展開する形には、当事者の参加が不可欠であることやCSWや行政などとの協働も欠かせないとしている。そして、体制をつくること以上に、決定プロセスへの関わり方が重要であるとしている。

　次に、住民参加においては、目指すところは住民自治であるとし、それには住民の組織化が必要であり、個人、組織、地域社会という三つのレベルそれぞれが段階を経ながらエンパワーされ、相互に影響を与えながら地域として成熟していくプロセスを明らかにした。そして、住民の地域活動への参加が、CSWなどによる段階ごとの介入を経ることで、外発的誘因をきっかけに内発的動因へと変化し、行動変容を引き起こす経緯について明らかにしている。住民参加の意義は、住民自身の生きがい、幸福などとも深く関係しているとしている。

## ❖ 注

1) 一般的に、「ガバメント」は上から社会を統治する政府を指し、それに対して「ガバナンス」は、政府が公共的な機能を独占するのではなく、企業や民間組織、住民など多様な主体と連携・協働を通じて共同的に統治を行うことを指す。つまり、ガバメントからガバナンスに変化していく過程で、垂直権力から水平権力へと移行し、住民や民間組織等が意思決定に参加し、協働統治を行うことを意味している。

2) 金川は『公共ガバナンス』のなかで、公共ガバナンスの領域として、ネットワークガバナンス、マルチ・レベルガバナンス、コーポレート・ガバナンスなどをあげており、類型によりそれぞれ関連概念も違うことを説明している。

3) 名古屋市では、2018年から市役所地域振興課にコミュニティサポーターを配置し、地域団体等からのさまざまな相談に応じ、活動支援を行っている。例えば、地域福祉、地域防災、子育て支援や団体運営など、コミュニティサポーターが直接地域に入り、知識や経験を共有し、地域コミュニティのさらなる活性化を目指している。

**第3章**

# 福祉コミュニティの
# ロジック・モデル
## ──何を目指してどう行動するか、その方法を問う

　第1章、第2章では、これまでの福祉コミュニティ理論や地域福祉論の整理とSQの考え方の導入、そしてガバナンスと住民参加の意義などを改めて見直し、目指すべき福祉コミュニティのあり方について検討を行った。そして、今度はそれを如何に実践するかについての方法論を明らかにしていく。

　本章は、最終的に福祉コミュニティ形成のフレームワークを導き出すことを目的としている。当然ながら、このフレームワークがあれば全ての課題が解決されるわけではないが、一つの例として示される福祉コミュニティのPDMは、計画策定の際の論理構成や具体的な評価の視点など、参考にできる点があると考える。実際に、第5章、第6章では、中国でのヒアリング調査や日本の文献調査を実施する際に、このフレームワークの成果の項目を活用している。

## 第1節　福祉コミュニティの理論から活動展開へ

### 1-1　理論（マクロ）から実践（メゾ、ミクロ）へ

　ソーシャルワークにおいては、個人や家族に関わることをミクロ・ソーシャルワークとし、集団に関わるものをマクロ・ソーシャルワークと呼んでおり、時には地域社会もマクロに含む場合もある。しかしながら、ここでいうマクロ、メゾ、ミクロは、平野がいう地域福祉推進の重層構造の体系における領域

を現しており、マクロは地域福祉政策など、メゾは地域福祉プログラムが展開される領域、ミクロは地域福祉実践の領域を指している（平野 2020：3）。また、野口は地域福祉研究の新しい潮流として注目されるのがメゾ領域としての「地域コミュニティ」であり（野口 2016：111）、この空間における新たな公共活動と地縁組織の結合が豊かな地域社会の形成には欠かせないとしている（野口 2016：112）。このような視点から考えると、マクロからメゾ領域、ミクロ領域に落としこむには、具体的な実践計画やプログラム策定が必要であるが、日本においてもその作業は順調にいっているとは言いがたい。上野谷も、地域福祉実践モデルの提示はできつつあるとしているが、具体的な方向性や解決の実践理論は道半ばであることを指摘している（上野谷 2020：2）。特に、地域コミュニティにおける住民参加の推進は、地域共生社会の構築や地域包括ケアシステムを支える重要なコンポーネントとして位置づけられているものの、その具体策に乏しく、住民の意識を育むのも難しく、未だに多くの困難を抱えている状況にある。

　日本の多くの地方自治体では、市町村が「地域福祉計画」を行政計画として策定し、社協が「地域福祉活動計画」を実践計画として策定し、基本的にはこれら二つの計画に沿って地域福祉活動が実施されている。現在、これら二つの計画が必ずしも連動していない自治体もあれば、両者の役割分担を明確にしている計画もあったり、二つを一体化して策定している自治体もあるなど、さまざまな形で計画が策定されているのが現状である。そして、2018 年に改正社会福祉法が施行されたことで、地域福祉計画の策定において、調査、分析、評価を行うことやそれに応じた計画の変更を行うこと、つまり市町村の地域福祉計画の進行管理に PDCA（Plan-Do-Check-Act）サイクルが努力義務として導入され、他の各種福祉関係計画の上位計画として位置づけられることになった。これにより、より論理的に計画が策定され、評価を通じた計画の見直しを行うことの重要性が明確に打ち出されたことになる。

　福祉コミュニティの実現においても、これらの計画を重要な手段と位置づけ、これまでの理論的な検討結果を実践方法へと落とし込んでいく作業を進めていく。具体的には、プログラム理論の考え方を参考に、福祉コミュニティ構築のロジック・モデルの検討を行い、現場レベルにおける活動計画の枠組みである

ロジカル・フレームワークの作成を試みたいと考える。この活用方法としては、例えば、前述した地域福祉計画や地域福祉活動計画、またはより細分化された地域の活動計画などとの融合、あるいは参考にして使用することを想定している。

## 1-2 地域福祉計画（活動計画）の現状と課題

　まず、2020年の市町村における地域福祉計画の策定状況をみると、策定済みが1741ある市町村の80.7％となっている。ちなみに、未策定の自治体の策定できない主な理由は、「計画策定に係わる人材やノウハウ等が不足している」ということである（厚生労働省 2020）。そして、計画のある市町村のうち、「計画に評価方法を明記している」のは37％、「計画に評価指標を明記している」は25.1％に留まっている（厚生労働省 2020）。計画を策定する自治体は増えてきているが、おそらく事業報告はあっても評価指標などを活用した評価は実施していない自治体がまだ多く存在することがわかる。

　どの自治体の地域福祉計画や地域福祉活動計画も、エンドユーザーである住民の福祉の向上や問題の解決につながる計画でなくてはならず、そのために住民参加というのは必要不可欠な視点である。地域福祉（活動）計画の策定にあたり、これまで三つのゴールといわれるものがあり、特にコミュニティワークにおいて重視されてきた。一つ目は、タスクゴールであり、ニーズの充足や課題解決がどの程度なされたのか、課題を達成することができたかを重視するゴールである。二つ目は、プロセスゴールであり、住民の社会福祉への関心や理解を深め、住民同士の相互理解や連帯をはかることが目的であり、まさに達成の過程を重視するゴールである。三つ目は、リレーションシップゴールであり、住民の相互信頼関係や行政機関などとのパートナーシップを築くなどして、施策にさまざまなステークホルダーの声を反映させ、時にはソーシャルアクションが求められるゴールともいえる。地域福祉活動計画においては当事者や住民の要望などを行政へと伝え、代弁、提言する役割も期待されている。

　しかしながら、これまで地域福祉活動計画においては、目標を達成するために実施される各種活動は必ずしも目標達成と関係がなかったり、単独で活動が

実施されているなど、論理的な組み立てが行われていない計画も散見される。

地域福祉活動計画の評価についてみてみると、そもそも評価を実施していないといった地域もあるが、実施していたとしても、プロセスゴールを目指す取り組みであっても、評価でみるのは「開催したサロンの回数」や「配置されている相談員の人数」など、必ずしも住民の社会福祉への関心の高まりをみる指標設定とはいえない。そもそも一つひとつの活動がどのような目的を達成するために行われているのか、具体的にどのような成果をあげたのかなどについては、報告書から把握するのは難しく、適切な評価が行われているとは言い難い。和田は社協の活動目的について、「住民主体の理念に基づき、地域が抱える種々の福祉問題を地域全体の問題としてとらえ、みんなで考え、話し合い、活動を計画し、協力して解決をはかる、その活動をとおして、福祉コミュニティづくりと地域福祉の推進をめざす」と説明している（和田 2007：3）。つまり、本来社協が実施する活動の成果は数値では測りにくい住民の主体性がどれだけ発揮されているか、その変化、組織間の連携はどのようになっているかなど、質的な内容に関する部分が多い。このように数値化が難しい内容についての評価が本来は重要であり、それをどのようにみていくかが問われているといえる。また、個々の団体や組織の活動のみにとらわれず、地域コミュニティ全体がどう変化したかという視点も必要である。

活動の計画作成や評価については、全国社会福祉協議会がガイドブックを作成している[1]が、具体的な測定方法に関する指針、実施内容の科学的根拠や指標の妥当性などは充分に検討されているとはいえず、客観的な政策評価をより充実させることが求められている。

一方、興味深い取り組みもすでに行われている。大阪府市町村社会福祉協議会連合会では、2012 年に「地域福祉推進の指標について考える報告書」を出しており、これまでの社協による地域での取り組みを評価するための指標の検討を進め、活動評価の方法について貴重な提案をしている。そのなかで、指標の果たす役割について以下 3 点を述べている。1) 地域福祉推進をわかりやすく示し具体性を高める、2) 地域福祉の推進状況をしっかりと分析する、3) 他団体からの理解を促進する（地域福祉推進の指標について考える報告書 2012：3）。これら三つの観点は、活動をすることで何がどのように変わったか、課題はど

こにあるか明らかにするうえでも非常に重要である。また、活動をする住民自身の意欲を高める一つの根拠にもなり得るものである。

　報告書では、抽象的な理念の成果をどこまで具体的に測定できるかという点につき検討し、社協の進める地域福祉の実践を、「くらしをまもる」個別支援と、「つながりをつくる」地域支援の大きく二つに分類し、それぞれについて新しい指標例のアイデアを提案している。特に、ガバナンスと住民参加という視点から参考になる内容を**表3-1**として整理すると以下のようになる。

　表3-1をみると、これまでよくみられた回数や人数と行った量的な視点からの評価にとどまらず、住民の意思決定への参加状況や関係機関の関わり方、地域福祉の推進により何がどのように変化したかなどをみる質的な視点が新しく提案されており、前述した三つのゴールの内容も重視しており、総合的でバランスのとれた評価といえる。

### 表3-1　「地域福祉推進の指標について考える報告書」の指標の視点

| 指標アイデア | 指標内容例 | 視点・方法など |
|---|---|---|
| 住民主体の発揮度・参画度 | サロンの開催数ではなく、住民がどのように関わりどのように話し合われたか | 住民の自己決定・意思決定のプロセスが重視されているか |
| 地域福祉活動の活性化度 | どれだけの住民や当事者、関係団体が地域福祉活動に関わっているか | ソーシャル・キャピタルの充実度はどうか |
| コミュニティワーカーの機能発揮度 | ワーカーの配置数ではなく、ワーカーの配置により住民活動がどれだけ活発になり参加者が増え、どのように変わったか | ワーカーの関わり（会議運営、研修、講座企画力など）はどうか |
| 寄付文化の醸成度 | 地域福祉への理解が増えることでどの程度寄付が増えたか | 共同募金などへの関心は高まっているか |
| 行政と社協との関係成熟度 | 横断的で総合的な地域福祉展開を社協が提案でき、活動への理解、協力を得られる | コミュニティガバナンスが実践されているか |
| 住民の福祉力 | 新しい課題への気づき解決方法の提案 | 住民自治力の向上がされているか |

出所：「地域福祉推進の指標について考える報告書」を参照し著者作成。

## 1-3 地域マネジメントの役割

　これまで地域福祉計画や地域福祉活動計画における論理的な計画策定や指標の設定の課題を説明してきたが、いかなる事業においても、計画策定や計画に基づく実施、評価、そして計画の見直しといった一連の活動の管理や推進にはマネジメントが欠かせない。地域マネジメントとは、「地域の実態把握・課題分析を通じて、地域における共通の目標を設定し、関係者間で共有すると共に、その達成にむけた具体的な計画を作成・実行し、評価と計画の見直しを繰り返し行うことで、目標達成にむけた活動を継続的に改善する取組」（地域包括ケア研究会 2016:2）と定義され、まさに日本では地域包括ケアシステム構築の工程管理といえ、近年の法改正でもその重要性が認識されつつある。具体的には、その地域の人口構成や健康状況、社会資源の状況、将来的な予測に関することを如何に行政や専門職、自治体や住民が共有し一緒に認識できるかが重要になってくる。

　地域マネジメントのプロセスは、PDCA のサイクルが重要であるとされ、計画の策定から実施、評価、改善の一連のプロセスが多種多様な関係者による参加のもと議論され、自分たちの目指したい社会の構築や課題解決にむけ共に改善方法を検討し、行動していくための仕組みであるといえる。そして、行政の縦割り体制が地域活動の推進を難しくしているという課題に対し、福祉コミュニティという地域全体の共生社会の構築にむけて、部局を超えたマネジメント体制をつくることも必要となる。

　また、地域マネジメントにとり重要なのは「場」の設定であるといわれている。ただ単に、情報を共有することを目的にする場ではなく、関係者がそれぞれのアイデアをもちより、対話を重ね、参加者皆で意思決定が行われる場として機能させることが重要である。これは、第1章で取り上げた「公共価値を生み出す場」でもあり、第2章で議論した主体的な住民参加を実現するために欠かせないプロセスでもあるといえる。地域包括ケア研究会の報告書では（三菱UFJ リサーチ＆コンサルティング　2017）、「計画策定の場」や「サービス提供体制構築の場」「地域づくりの場」などのそれぞれの分野における「場」において、例えば関連する行政機関と現場とが如何に課題や目的を共有し意識の統一

がはかられるかが期待されるとしている。そして、それぞれが当事者意識をもち、自分も地域の仕組みづくりへ関わることで、役割の重要性を認識できるように仕掛けることがマネジメントの重要な仕事であるともいえる。例えば、前章で説明した地域住民が外発的要因から活動へのモチベーションを高め内発的発展へとつなげていくプロセスにおいて、さまざまな場を如何に仕掛けづくりの場とすることができるかがポイントとなる。

つまり、マネジメントは単なる工程管理に留まらず、計画策定や事業評価、地域活動などの全ての「場」において、参加者のアイデアや意欲、能力を最大限に引き出し、協働の積み重ねを通じて、包括的な支援体制の整備や地域づくりとの融合が可能になり、そのためには幅広いマネジメント力が求められる。そして、マネジメントが上手く機能することで、多種多様なステークホルダーをパートナーとして共に共同作業を行うコミュニティガバナンスの構築へとつながるのである。源が参加型評価の重要性を強調しているのは、参加することで学びがあり、行動変容が起き、住民や地域のエンパワーメントをもたらすと考えているからである（源 2016：69）。

## 1-4 ロジック・モデルの考え方

理論から実践へとつなげるためには計画が重要であること、そして計画にはロジックが求められ、活動工程管理にはマネジメントが重要であることをこれまで説明してきた。それを具体的に表現したのがロジック・モデルであり、福祉コミュニティ形成においてそれをどのように活用できるか検討してみたい。

### 1-4-1 ロジック・モデルと評価

ロジック・モデルとは、評価対象となる事業を因果関係で整理したものである。プロジェクトが、「もし〜の活動を実施すれば、〜の成果が得られるだろう」という仮説のもとにデザインされており、原因と結果の連鎖のロジックが想定されている。この連鎖が上手く機能しない場合は、そのプロジェクトが失敗に終わる可能性があるということになる。もともと、ロッシらによる「プログラム評価階層」の考え方にある五つの階層（大島ほか 2005：77）[2] の「プロ

グラムのデザインと理論のアセスメント」の内容に基づくものである。ロジック・モデルで示されたプロジェクトが論理的に組み立てられているかを検証するのがこの部分に相当し、「セオリー評価」とも呼ばれており、日本の行政政策においても取り入れられている。この方法により、プログラムの構成要因である「投入」や「活動」がロジックどおり効果発現に結びついているか、期待されるインパクトはでているか、あるいはそれら要因の論理構成に誤りはないかなどを検証することができる。つまり、それぞれの因果関係が明らかになることで目的達成の要因や失敗の原因がわかりやすくなるというわけである。

　さらに詳しく説明すると、計画との比較により評価する場合は、この活動がどのような仮説のもとに、どのような因果関係の連鎖で組み立てられているかを調べ、それがうまく機能しているか、仮説は正しいか、期待された成果はあがっているかなどをみていくことが評価の視点の一つとなる。そして、このプログラム理論を体系的に現した枠組みが**図 3-1** で示すロジック・モデルであり、最終到達目標を達成するために行うべき投入や想定される成果などの構成要素により成り立つものである。具体的には、インプット（投入）、活動、アウトプット（結果）、アウトカム（成果）といった内容が含まれる。ここでいうアウトプットはインターベンションの結果として生み出される産出物などを意味し、例えば活動によって作成された教材やカリキュラムなど、アウトカムの達成に影響する重要な成果物ともいえる。アウトカムはアウトプットによって達成される効果といえ、例えばアウトプットとして作成された教材を使用しスタッフの技術力が向上することなどがあげられる。

　ロジック・モデルは、例えば市町村が策定する総合計画において、その事業管理を行うために用いられている例がある。また、内閣府が推進する EBPM（Evidence-based Policy Making: 証拠に基づく政策立案）においても、ロジック・モデル（図 3-1）の考え方に基づき事業の目標を明確化し、立案や工程管理を行うことの重要性を説明している。

　佐藤は利点として以下の 3 点をあげている。第 1 に、個々の事業がどのような成果を形成し、最終的に住民や地域に対してどのような影響をおよぼすのかがわかるため、成果を意識した活動が可能になるということ。第 2 に、要素間の連鎖が可視化できることで、協議の資料として活用できるという点。第 3 に、

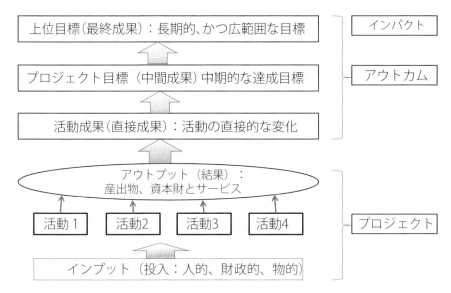

出所：国際協力機構「プロジェクト評価の実践的手法」：52 を参照し、著者作成。
**図 3-1　ロジック・モデルの論理構成**

事業の必要性が明確化され、また事業の見直しや新規の展開の判断材料になるという点である（佐藤 2012）。これらは全て重要な利点ではあるが、あくまでも事業管理のための資料という位置づけである。しかしながら、このロジック・モデルの活用はそれだけにとどまらず、ステークホルダー、即ち住民も含めた関係者がこの作成と進捗管理に主体的に関わることにこそ意義があるといえ、それらの人たちを巻き込む手段としての利点も考えられるであろう。

そして、活動プログラムの実績を測定する時、期待どおりの結果が出ているかを判断するために、プログラムの目標内容を示す項目として「指標」を設定するのが一般的である。この指標は、プロジェクト内容や対象社会の状況と照らし合せて適切かどうか、モニタリングや評価で測定できる実用的なものであるかなどの視点から検討される必要がある。この内容はどのくらいの達成を目指すのかといった目標値を関係者の間で話し合いながら決めるのが普通であり、活動の実施過程でステークホルダーの合意をえながら変更していくことも可能である。

### 1-4-2 評価5項目の視点

　JICA（国際協力機構）が実施するプロジェクトにおいては、このロジック・モデルに基づいた評価と同時に、1991年に経済協力開発機構のDAC（開発援助委員会）で提唱された5項目に基づく評価も同時に行っている（国際協力機構 2004：71-72）。具体的には、妥当性、有効性、効率性、インパクト、持続発展性を採用しており、プロジェクト内容によってはこれらの視点とロジック・モデルの評価を合せて考えることでより判断基準が明確になる。**図3-2**は評価5項目とロジック・モデルの関係性を表したものである。

　評価5項目におけるそれぞれの視点は**表3-2**で簡潔に説明しているが、実施プロセスの管理以外に、このような視点で情報収集を行い活動を評価することは活動を見直し、より意味のあるプロジェクトを推進するうえで有用である。

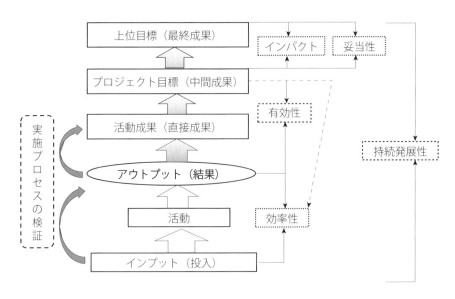

出所：国際協力機構「プロジェクト評価の実践的手法」：73を参照し、著者作成。
**図3-2　ロジック・モデルと評価5項目の関連性**

第3章　福祉コミュニティのロジック・モデル――何を目指してどう行動するか、その方法を問う

**表 3-2　評価 5 項目ごとの評価の視点**

| 評価 5 項目 | 主な視点 |
|---|---|
| 妥当性<br>（relevance） | **プロジェクト実施の正当性、必要性を問う**<br>・ニーズに合致しているか<br>・効果をあげる戦略として適切か<br>・公平性の観点から妥当か |
| 有効性<br>（effectiveness） | **プロジェクトの効果を問う**<br>・目標は明確か<br>・目標は達成されるか<br>・それはアウトプットの結果もたらされたか |
| 効率性<br>（efficiency） | **プロジェクトの効率性を問う**<br>・コストに見合った達成度であったか<br>・プロジェクト実施プロセスの効率性を阻害、促進する要因はなに<br>　か（投入のタイミング、規模など） |
| インパクト<br>（impact） | **プロジェクトの長期的、波及的効果を問う**<br>・予期しなかったプラス、マイナスの影響<br>・上位目標は達成されるか |
| 持続発展性<br>（sustainability） | **活動自体の持続性を問う**<br>・政策的支援の持続性はどうか<br>・活動を促進する組織能力があるか<br>・適切な人材が配置されているか<br>・財政的に問題ないか<br>・オーナーシップは確保されたか |

出所：国際協力機構「プロジェクト評価の実践的手法」：71 を参照し著者作成。

## 1-5　小括

　第 1 節では、まず、福祉コミュニティ形成を進めるうえで、地域福祉計画や地域福祉活動計画を重要な手段の一つと位置づけ、実際の計画策定における論理性の問題や評価設定の矛盾などを課題として取り上げた。そして、この計画を見直すことで如何に効果的な活動につなげていけるかが問われていると問題提起を行っている。また、計画の見直しと同時に、地域マネジメントも必要不可欠であるとし、それには工程管理としての PDCA サイクルや地域のアクターが参加する「場」を通じてのマネジメントを考慮することなどが含まれるとしている。つまり工程管理を、住民を含めた関係者で実施することこそにマネジメントとしての意味があり、結果としてそれがガバナンスの構築にもつながる

*83*

第1部　福祉コミュニティのかたちとロジック・モデル

と論じている。

　提案として、ロジカル・フレームワークの作成を打ち出し、どのような論理構成で計画を策定するのか、評価の視点はどうするかといった内容につき説明を行っている。また、このロジカル・フレームワークの項目は、第5、6章におけるヒアリング調査や文献調査の際の調査項目として活用されるとしている。

# 第2節　福祉コミュニティのデザイン・マトリックス

## 2-1　福祉コミュニティのロジックとは

　ロジック・モデルの具体的なツールとしてロジカル・フレームワークの一形式であるPDMを活用する。PDMの詳細は2-3で提示するが、ここではその基礎となる福祉コミュニティのロジック・モデルの考え方を示す（**図3-3**）。

　まず、福祉コミュニティ形成のために最終的に目指す上位目標として、「住民の福祉力と自治意識が強化され、全ての人が取り残されることのない地域社会を形成し、それを常に深化させる状態をつくる」を設定する。これは第1章の議論を通じて導き出された目指すべき「福祉コミュニティのかたち」である。そして、その下にそれを達成するためのプロジェクト目標（アウトカム）として、1に住民のつながりやガバナンスを重視した「住民のつながりが強化され、住民の地域問題の解決力が向上する」と、2として医療や介護サービスネットワークや社会経済的サポートに関する「地域のサービスネットワークが充実し、住民のくらしが守られる」の二つを設定している。これは、福祉コミュニティの形成が二つの側面、つまり、本書でも焦点をあてている住民参加やガバナンスなどの主に地域社会におけるサポートやつながりづくりの内容と、もう一つは制度や医療、介護の専門的なサービスの内容が車の両輪のように必要不可欠であることを現している。これを、SQの視点でみると、プロジェクト目標1はコミュニティを中心とした社会的連帯やエンパワーメント、プロジェクト目標2は制度的な保障やサービスのアクセスなどを意味する社会的包摂と社会・経済的安全保障の内容とほぼ一致することがわかる。

　次に、SQで示したそれぞれの領域の下に、目標を達成するための成果（ア

第3章 福祉コミュニティのロジック・モデル——何を目指してどう行動するか、その方法を問う

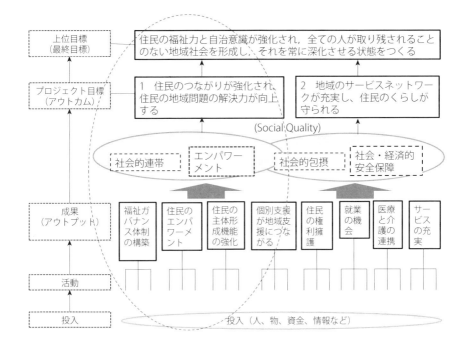

出所:著者作成。
**図 3-3 福祉コミュニティ形成のロジカル・フレームワークの考え方**

ウトプット)を位置づけている。その下にこれらの成果を達成するための具体的な活動内容を描いている。図 3-3 の点線で示した楕円形の枠は、本書が「つながりをつくる」に関連する住民参加とガバナンスに焦点をあてていることから、主にプロジェクト目標 1 に注目してフレームワークを掘り下げて検討していくことを示している。

## 2-2 評価指標の検討

一般的に、指標はある現象を意味する概念や事柄であり、例えば、OECDの公表する「より良い暮らし指標」には、所得や住居、教育や健康など多面的な視点が設定されている。指標を使って測定する具体的な方法は何通りか考え

*85*

られるが、最終的にどの測定方法を選択するかは、プロジェクトの内容や目標、対象社会の状況に合せて考えられるべきである。また、活動のモニタリングや評価においてその効果が測定できるような内容に設定する必要があり、例えば技術研修の効果について、研修を開催した回数や人数、参加者の満足度だけでは不充分であり、研修を実施したことでどう変わったか、研修で習得したことが現場でどのくらい活用されているか、などについてもみることが求められる。そして、この指標内容は適切であるかどうかモニタリングの際に検討し、より適切な指標があれば適宜変更することも可能である。

　評価指標は可能な限り数値化することが望ましいといえるが、福祉の分野では能力の強化や意識の強化など量的評価のみでは把握が困難なのも実情である。よって、質的なものと量的なものを組み合せて評価指標を設定するなどの工夫が必要である。例えば、地域のボランティアの数に関しては、地域の実情のアセスメント結果に基づいて目標設定を行い数年後の目標値を指標に書き込み、経年変化をみることも可能である。また、質的内容では、アンケート調査やワークショップなどを通じて住民の満足度や意識の変化について把握することが可能である。これらをうまく組み合せながら指標を設定することが重要であるといえる。

　本書におけるPDMのプロジェクト目標以下の指標では、主に「ガバナンス」と「住民の主体的な参加」の2点に注意して指標の作成を行っており、そこには、「如何に住民主体を引き出せるか」や「どのように合意形成をはかっていけるか」「地域の連携体制をどうするか」などの視点を重視している。

　まず、ガバナンスについては、地域においてより多くのステークホルダーの参画や、合意形成のプロセスが重要になる。CSWや行政職員がファシリテーターとして活動に参加し、場の雰囲気づくりや住民の意見を引き出す作業も必要であり、まさに協働作業を通じた協働統治の構築である。住民や関係者がガバナンスのあり方やマネジメント、それに関連する知識や技術を身に付けエンパワーされる仕組みもPDMに組み込まれることが必要である。

　そして、第1章でも検討したとおり、コミュニティガバナンス実現の重要な手段である住民参加を如何に実現し意義のある成果を引き出せるかが重要なポイントになる。まず、住民が地域活動に参加するインセンティブ

が求められ、活動への第一歩を踏み出すために充分な情報の提供や多様な選択肢の提供も行われなければならない。よって、指標においても、さまざまな広報ツールを通じて情報が提供されているかどうかや、多様なモチベーションに応えられるような参加の機会がつくられているか、といった視点も取り入れることが考えられる。住民主体を具現化する際に、住民自らの意思に基づき議論や合意形成や意思決定が行われているか、決定されたことが地域活動に活かされているかなどの視点も欠かせない。このように、開催頻度と合せ、主体性が発揮され機能しているかなど、質的な側面も確認しなければならない。

　また、表3-2で紹介した評価5項目視点から福祉コミュニティの活動をみると、活動の終了時には**表3-3**のような評価項目も想定される。

　PDMの活用に際し、その地域において定期的に住民へのアンケート調査な

### 表3-3　福祉コミュニティにおける評価5項目の視点

| 評価5項目 | 福祉コミュニティにおける評価の視点 |
|---|---|
| 妥当性<br>（relevance） | ・地域の課題に基づいた地域福祉活動計画が立てられているか<br>・地域行政は問題を的確に把握し、戦略を立てているか<br>・住民全ての状況を把握して対策が立てられているか<br>・住民自身が自分たちの地域の課題を理解しているか |
| 有効性<br>（effectiveness） | ・活動により住民のつながりは強化されたか<br>・活動により住民のエンパワーメントに効果はあったか<br>・住民自身による地域問題の解決力は強化されたか<br>・アウトプットにより目標が達成されたといえるか |
| 効率性<br>（efficiency） | ・住民のつながりを形成させるために適切な活動が計画・実施されたか<br>・住民のエンパワーメントのために充分な活動が計画・実施されたか<br>・住民が活動を行うために行政やCSWより充分な支援が得られたか<br>・支援のタイミングは適切であったか<br>・費用対効果はどうであったか |
| インパクト<br>（impact） | ・住民の行動において予期しなかった影響はなにかあったか<br>・ジェンダーなどの社会・文化的側面への影響はないか |
| 持続発展性<br>（sustainability） | ・行政やCSWによる継続的な協力体制は構築されているか<br>・住民が自分たちで活動を継続する組織力は育まれたか<br>・適切なリーダー的な役割を果たす住民が活躍できているか<br>・資金的な問題を解決できているか |

出所：国際協力機構「プロジェクト評価の実践的手法」：71と表4を参照し著者作成。

第1部　福祉コミュニティのかたちとロジック・モデル

**表3-4　ロジカル・フレームワーク：プロジェクト目標1に関する内容**

| | | | 内　　容 | |
|---|---|---|---|---|
| 上位目標<br>（最終目標） | | | 住民の福祉力と自治意識が強化され、全ての人が取り残されることのない地域社会を形成し、それを常に深化させる状態をつくる | |
| プロジェクト目標1（アウトカム） | | | 住民のつながりが強化され、住民の地域問題の解決力が向上する | |
| 成果<br>（アウトプット） | ソーシャルクオリティの要素 | 【社会的連帯】<br>人々が集団に受け入れられている価値や規範に基づいてコミュニティの建設に貢献しているということ | 1　福祉ガバナンス体制が構築される | |
| | | | 2　地域活動にさまざまな方法で多くの住民が参加する | |
| | | | 3　ボランティア活動が活発になる | |
| | | | 4　地域において課題やニーズを把握、介入する機能が強化される（成果11と関連する内容を含む） | |
| | | | 5　障害者や高齢者、外国人などの要援護者と住民の結びつきが強化される | |
| | | 【社会的エンパワーメント】<br>社会的なつながりを通じて個人の能力を向上させ、同時に社会も成熟するということ | 6　地域のマネジメント力が強化される | |
| | | | 7　住民の主体形成機能が強化される | |

第3章 福祉コミュニティのロジック・モデル――何を目指してどう行動するか、その方法を問う

| 指　　標 |
|---|
| ・住民自身によって地域活動が決定される　・住民自身の提案により話し合いが開催される<br>・主体的に活動に参加する住民の割合が増える　・住民自身により地域課題が把握される<br>・要援護者に対する医療や福祉のサービス支援体制が地域で築かれる<br>・サービス提供に際し、関係機関と住民が連携し解決に結びつく事例が増える |
| ・社会的孤立の問題が改善する　・住民による地域活動が増える　・地域住民が集まりやすい拠点がさまざまな人たちに活用される　・住民の幸福度、満足度が向上する　・地域の問題解決能力が高まる<br>・人的ネットワークが増える　・住民を支えるサポート体制の有無　・地域への所属意識が高まる<br>・住民同士の信頼関係が深まる　・他者や異論を受け入れる土壌が育つ |
| 1　地域の住民、行政、団体や組織などが参加して定期的に会合が開かれる<br>2　地域住民、行政、団体や組織などが中心となり地域の福祉課題などについて議論される<br>3　地域住民、行政、団体、組織の話合いにより地域活動計画が立てられる<br>4　住民のニーズの内容を踏まえ、行政の新たな事業創設にむすびつく |
| 1　多様な主体が参加しやすい多種多様な活動や事業がつくられる<br>2　住民が地域活動にアクセスしやすい<br>3　多様な地域活動への参加の方法が示される（募金、場所の提供など）<br>4　地域活動に参加する住民が増える |
| 1　ボランティアに参加する住民が増加する<br>2　ボランティア活動について相談しやすい体制がつくられる<br>3　ボランティア活動に応じて研修等が実施される<br>4　ボランティアを受け入れる住民が増加する |
| 1　住民からの福祉や地域に関する相談が増える<br>2　地域の課題やニーズをキャッチする仕組みが地域においてつくられる<br>3　地域の課題に対し、住民と地域関係者との連携の仕組みが構築される<br>4　住民むけの簡潔な福祉マニュアルが作成され、住民に配布される |
| 1　地域住民の要援護者に対する理解が深まる<br>2　要援護者のネットワークが作られる<br>3　地域活動に要援護者の人たちが参加しやすい環境がつくられる |
| 1　地域マネジメント体制が築かれる<br>2　地域の状況に対するモニタリング会議が定期的に実施される |
| 1　住民懇談会などが開催される<br>2　住民懇談会のテーマが住民により決められる<br>3　住民の意志や考えを自由に発言しそれが尊重されている<br>4　主体性を高めるためのセミナーや研修会の内容が理解される |

第1部　福祉コミュニティのかたちとロジック・モデル

| | | | 8　CSW が地域において住民のエンパワーメントを促す役割を果たす |
| | | | 9　地域の状況が広報を通じて住民に理解される |
| | | | 10　まちの資源を活かしたまちづくりが行われる |
| | | 【社会的包摂】人々が、雇用、住宅、食糧、環境など生活に必要な物的資源を利用することができているということ | 11 個別支援が地域支援につながり課題解決の仕組みができる（成果の4と共通の内容を含む） |

| 活動 | | |
|---|---|---|
| | 1-1 | 地域内の多種多様な団体や組織の情報について把握する |
| | 1-2 | 行政、社協、施設、関係機関、民間組織、CSW、住民などの多様な組を実施する |
| | 1-3 | 住民を含めた関係者が集まり地域福祉活動計画の会議を実施する |
| | 1-4 | 会議で議論されたことを尊重し、行政は住民が行動や活動につなげら |
| | 2-1 | 講演会や見学会などを開き、住民が地域について知る機会をつくる |
| | 2-2 | さまざまな活動について住民が意見を出しやすいような環境をつくる |
| | 2-3 | 世代間交流の活動を実施する |
| | 2-4 | 多様な地域活動への協力の方法を地域で考える機会をつくる |
| | 3-1 | 地域に必要なボランティア活動について住民が話し合う |
| | 3-2 | 多様なボランティアの機会をつくる |
| | 3-3 | ボランティア活動について情報発信する |
| | 3-4 | ボランティアについて気軽に相談できる窓口をつくる |
| | 4-1 | 住民が認知症の人への対応方法などについて学ぶ機会をつくる |
| | 4-2 | 住民による見守り活動が行われる |
| | 4-3 | 地域の課題やニーズ、心配な情報を住民が担当者に伝える |
| | 4-4 | IT などを活用した方法が構築される |
| | 5-1 | 障害者、独居高齢者、外国人などの要援護者による集まりをつくる |
| | 5-2 | 要援護者による集まりを定期的に実施する |
| | 5-3 | 要援護者と地域の人たちの交流の場をつくる（例：外国人との交流会 |
| | 6-1 | 住民を対象にマネジメントについての学習会を実施する |
| | 6-2 | 定期的な会合により地域活動や地域の状況について住民が把握する |
| | 6-3 | 住民と行政がともに地域活動をモニタリングする |
| | 6-4 | 活動を改善するための会議を実施し、住民が改善にむけた提案を行う |
| | 7-1 | 住民自治やまちづくり、地域づくりについてのセミナーや研修会を開く |
| | 7-2 | 住民が自分の考えを自由に発言できるような場をつくる |
| | 7-3 | 住民が地域のイベント等について企画する |
| | 7-4 | 住民が自分たちで企画したイベントを実施する |
| | 8-1 | CSW が地域ファシリテーションの研修に参加する |
| | 8-2 | CSW が住民懇談会などに参加しファシリテーションをつとめる |
| | 8-3 | CSW が地域の課題やニーズについて住民から話を聞く機会をつくる |

| | |
|---|---|
| 1　CSW の地域や住民に対する理解が深まる<br>2　現場において CSW が役割を発揮する機会が与えられる<br>3　CSW がスキルアップする機会が与えられる | |
| 1　多様な広報形式が活用される<br>2　外国人にも分かりやすい広報が行われる<br>3　地域について興味や知識をもつ住民が増える | |
| 1　地域に誰もが集まりやすい拠点がつくられる<br>2　自分たちのまちの魅力を住民が理解する<br>3　地域の社会資源が充分に活用される<br>4　地域経済が循環するしくみがつくられる | |
| 1　住民が地域で支援を必要とする人を見つけ関係者につなぐことができる<br>2　地域支援の仕組みが作られる<br>3　支援を必要とする人が適切な支援を受けられるようになる | |

| | 投入 |
|---|---|
| 織による会議を定期的に開催し、地域診断を含めた話し合い<br><br>れるよう必要なサポートを行う | ・ 必要に応じた行政の側面的サポート（人的、情報、物的）<br><br>・ 会議などで行政職員や CSW などによるファシリテーター<br><br>・ 行政の多部署による連携サポート（例：空家情報、地域振興、子育て支援、国際交流など） |
| など） | |

第1部　福祉コミュニティのかたちとロジック・モデル

| | 8-4　CSWと行政機関が地域情報を共有する<br>9-1　住民が定期的に広報誌を発行する<br>9-2　電子媒体を通じた情報発信を行う<br>9-3　地域を紹介する広報ツールを開発する<br>10-1　住民や地域の多様な組織などが地域の社会資源について学ぶ機会を<br>10-2　住民が地域の伝統産業や特徴について学ぶ機会をつくる<br>10-3　地域の伝統や特産を活用したビジネス展開について地域の多様な主<br>10-4　地域の拠点（居場所）を多くつくる<br>11-1　住民が地域の課題について知る機会をつくる<br>11-2　住民自身が自分ができる支援について考える<br>11-3　見つけた課題をどのように地域支援につなげるか関係者で考える |
|---|---|

出所：著者作成。

　どを実施し、満足度や意識の変化等について情報収集し、それらの集計結果を
もとにPDMの内容を見直したり、指標の数値を修正する作業を住民と共に行
うことに意義がある。前述にもあるように、マネジメントの「場」を最大限に
活用し、行政の関連するさまざまな部署や関係機関、住民などのアクターが計
画策定からモニタリング作業、評価までの作業を協働して実施することが、福
祉マネジメント力の向上やガバナンス体制の構築につながるのである。

## 2-3　プロジェクトデザインマトリックス（PDM）の提示

　前述にもあるように本書では、住民参加とガバナンスを重視することか
ら、プロジェクト目標1の「住民のつながりが強化され、住民の地域問題の
解決力が高まる」に焦点をあて、それに関するPDMを表3-4として作成する。
PDMの指標は本来計画を策定する地域のアセスメントを通じて現状を把握し
たうえで、地域の実情にあった具体的な数値を設定することが望ましい。しか
しながら、今回はある特定の地域におけるPDMを想定していないため、具体
的な指標を数値で示すことが難しい。よって、それぞれの成果を達成するた
めに求められる「ある状態」について考察することとする。例えば、「ボラン
ティアの活動が活発になる」の指標について、本来は人数の経年的な増加状況
を指標とすべきところ、本書では「ボランティアに参加する住民が増加する」
と記している。

92

第3章　福祉コミュニティのロジック・モデル――何を目指してどう行動するか、その方法を問う

つくる

体が議論する機会をつくる

　PDM の作成は、本来地域の関係者が集まり、地域課題を分析したうえで目標設定を行う作業に意味がある。本書では福祉コミュニティの理論等からPDM の内容を導き出したため、当然ながらこのような作業は行われていないが、当該 PDM は現場で計画策定やプロジェクト管理を実施する機関が参考にできる素材という位置づけで提示している。

　この PDM を検討する際には、岩永が示す SOJO-Model の考え方を一部活用し、目指すべき福祉コミュニティの理想のかたちを実現するためにはどのような成果が達成されるべきであり、そのための活動は何が必要かということを繰り返し検討する作業も行った。いわゆるバックキャスト的な目的実現型の発想も参考にしながら考察したものである。

## 2-4 小括

　第2節では、福祉コミュニティ形成の PDM を提示するために、プロジェクト目標を 1 と 2 の二つのカテゴリーに分け、「つながりをつくる」に関連した住民参加やガバナンスに焦点をあてたものを 1 として位置づけた。そして、これまでの議論の内容を参考に、上位目標、プロジェクト目標（アウトカム）、成果（アウトプット）、活動の具体的内容を設計している。その際に、質的評価の重要性にも触れ、例えば、住民の主体性の発揮の状況、合意形成などのプロセス、情報の伝達状況なども評価指標として考えることが必要であるとしている。

　提示された PDM は本来現場の関係者と共につくり上げるものであり、一方

的に提示するものではないが、ここではどのようなデザインや評価指標が考え
られるかを事例として示すことに意義があると考えている。

　PDM の内容は、第 5、6 章のヒアリング調査と文献調査の質問項目として
使用し、中国と日本の地域コミュニティにおける実践の評価基準として活用さ
れている。

## 章のまとめ

　第 3 章では、第 1 章、第 2 章で明らかになった福祉コミュニティのかたちや
ガバナンスのあり方、住民参加の方法などを実際に現場で実践する際の一つの
ツールとして、ロジカル・フレームワークの提示を試みた。切り口として、既
存の地域福祉活動計画を想定し、論理的な計画の組み立てや質的側面も考慮し
た指標の設定の考え方を説明している。具体的に、「住民のつながりが強化さ
れ、住民の地域問題の解決力が高まる」をプロジェクト目標 1 と設定し、この
目標を達成するための成果や活動、指標を示している。

　ロジック・モデルの論理構成や具体的な評価の視点、例として示した福祉コ
ミュニティの PDM は、実際に現場において計画策定や評価、モニタリングな
どを実施する際に参考にできるものである。また、計画策定時の場の設定やモ
ニタリングにおける協働作業など、実際に活用する際にはマネジメント方法に
も注意することが必要である。

## ❖ 注

1）厚生労働省の調査事業の成果としてガイドブックを策定しているが、具体的な設定方法については説明されていない。

2）簡単に説明すると、プロジェクト実施前には、ニーズ調査として現場のアセスメントを実施し、得られた情報をもとに、その上の段階であるロジックに沿ったプログラムデザインを検討する。このデザインに沿って活動を実施し、そのプロセスをモニタリングするのがプロセス評価になる。そして、一連の活動を通じ得られた成果やインパクトを検証し、最後の段階としてコストパフォーマンスと効率性を見ていくというのがプログラム評価の全体の階層である。

# 第2部

# 中国における福祉
# コミュニティ形成の可能性

## 日本との比較を通じて

第2部　中国における福祉コミュニティ形成の可能性——日本との比較を通じて

**第4章**

# 中国の社区政策の変遷と
# 北京市社区の養老サービス
## ——変化する地域社会と住民の位置づけ

　第4章、第5章では中国に焦点をあて、第4章では政策的な側面から、第5章ではヒアリング調査から現状についてみていくこととする。

　前述にもあるように、高齢化が急速に進む中国では現在社区での介護体制の充実化や住民の互助的な活動によるサポートに大きな期待を寄せている。本章では政策やそれを実践するガバナンス体制、住民参加の状況などの視点から、中国社区における高齢者福祉政策や社区形成が如何に展開されてきたか明らかにする。　政策面の現状を明らかにすることで、第5章でのヒアリング調査からあぶり出される実態との乖離が明確になり、解決策の糸口をさぐるきっかけにもなる。また、中国における政策の変遷や現状の把握を通じて、第1章、第2章で議論した福祉コミュニティの考え方との共通点や相違点の整理が可能となり、中国が目指す福祉コミュニティのあり方について考察する際の根拠にもなり得ると考える。

## 第1節　社区政策の動向からみる中国の体制

### 1-1 政策のなかにみるガバナンス体制の変化

　ガバナンスの視点からこれまでの政策や体制を整理するとどうであろうか。「ガバメント」は上から社会を統治する政府を指し、それに対して「ガバナン

98

ス」は、政府が公共的な機能を独占するのではなく、企業や民間組織、住民など多様な主体と連携・協働を通じて共同的に統治を行うことを指す。つまり、ガバメントからガバナンスに変化していく過程で、垂直権力から水平権力へと移行し、そのなかで住民や民間組織等が意思決定に参加することが求められてくる。

　ここで、まず高齢者の介護事業に関わる政府機関について整理する。ここ数年、機構改革により新しい部署ができたり、所管の移動があったり、組織の改編が行われており、2019年時点での関係組織の管轄内容は以下のようになっている。この図4-1からもわかるように、現在はいくつかの部門が高齢化事業におけるさまざまな内容を分担しており、それを横断的にまとめる組織として、国家衛生健康委員会の内部に老齢工作委員会が設置されている。本来はこの委員会を中心に、例えば医療と介護の連携や包括的なサービスの検討など推

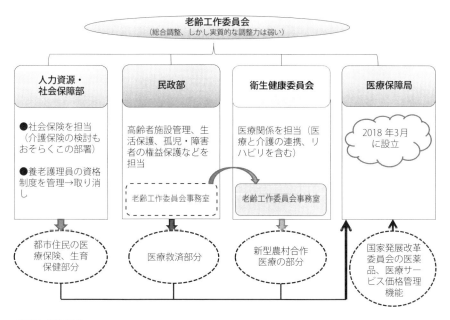

出所：著者作成。
図4-1　高齢化対策に関わる関係政府機関の所掌

進体制の構築が行われるべきであるが、行政の縦割りはどこの国でも共通する難しい課題であり、事業の推進においても少なからず影響を与えている。

次に、主な政策においてガバナンスという言葉が現れた状況をみてみたい。**表4-1**は五カ年計画[1]や関連する政策におけるガバナンスに言及した内容を抜粋しまとめたものである。

中国では建国後から経済計画時期にかけては強力な政府の主導、つまりガバメント体制のもと、上意下達式の管理が行われてきた。その後80年代から90年代にかけては、高齢化分野では介護の社会化が提唱され、2000年以降は在宅、社区での介護が進められるにつれて、民間企業や団体組織による参入が大いに推奨され、高齢者介護事業に関わるアクターは明らかに多様化している。

社区形成が積極的に進められるようになったのは2000年以降であるとされているが、ガバナンスという言葉が記載されるようになったのは2011年以降であり、表4-1でも示されるように中国の運営方針を示す5カ年計画にもその変遷がみられる。しかしながら、2011年以降であっても、当初はまだ社会管理という概念が色濃く、政策において積極的に取り入れられたのは2016年以降であり、ガバナンスの考え方は中国にとって非常に新しいものであることがわかる。具体的にみると、第13次五カ年計画のなかで、共産党による指導や管理を徹底させることをうたうと同時に、これまで政府が行っていた事務的な管理や公共サービスの提供などの機能について、社会へ移行させていくことが必要であると説明している。そして、ガバナンスと公共サービスにおいて社会が充分に役割を発揮することが重要であり、具体的には、機能を移すための指導書やリストを作成し、段階的に社会組織へと委託する方法でガバナンスにおける社会的責任を果たすよう改革を行う必要があるとしていた。要するに、当時の中国政府が考えるガバナンスとは、業務の一部を社会に委託し、それを政府が管理するという仕組みであり、ガバナンスの本来意味する、多様な主体と連携・協働を通じた共同統治という考え方とは完全には一致していない。また、中間支援組織の育成を通じて、政治的な架け橋の役割を果たすことが期待されているとしており、これらの組織が多元的社会におけるコーディネート的な役割というより、政治的な管理システムの一部を担うような組織として位置づけられているのも中国の特徴といえる。

## 表 4-1 政策からみるガバナンスの考え方の変遷

| 計画や政策 | 具体的な内容 |
|---|---|
| 第 12 次五カ年計画<br>(2011 － 2015) | 第九篇　社会管理の強化と革新<br>　　第 37 章　社会管理体制の革新：多くのアクターの参加、共同ガバナンスを堅持し、社会管理体制を構築する<br>　　第 38 章　都市・農村部社区の自治とサービス機能の強化：秩序ある社区の形成を目指し、サービスの整備、文明的な生活共同体を構築する。社会組織やボランティアが社区管理やサービスに参加するよう促す。<br>　　第 39 章　社会組織建設の強化：社会組織の育成と管理を通じて健全な組織の育成を進める<br>　　第 40 章：住民の権益保護の体制の整備<br>　　第 41 章：公共安全を守る体系の強化 |
| 第 13 次五カ年計画<br>(2016 － 2020) | 第十七篇　ガバナンス（社会治理）の強化と革新<br>　　第 70 章：社会ガバナンス体系の整備：共産党の指導、政府の主導、社会の協力、公民の参加、法治による保障に基づいた社会ガバナンス体制を構築し、政府によるガバナンスと社会の調整、住民自治を通じた良好な相互作用を目指す。具体的には以下の通り。<br>① 政府のガバナンス能力とレベルの向上（サービス能力、人口管理、実名登録、危機管理など）<br>② 社区サービス機能の強化（公共サービス、ボランティア活動、住民の利便性を考慮したサービスなどの総合的サービスの提供。ソーシャルワーカーのレベルアップ、ボランティア数の増加<br>③ 社会組織の役割の発揮（社会組織を分野ごとに登録、政府の機能を社会組織へ委譲・委託、総合監督機能の強化など）<br>④ 社会の自己調整機能の強化（道徳、美徳、個人の資質を高め、自覚、責任ある行動、社会秩序を重視した行動へ導く）<br>⑤ 住民参加のメカニズムの整備（住民の利益に関する事項には住民会議やヒアリングのような方法で広く住民の意見を求める。また情報を公開し公民の監督評価を進める）<br>⑥ 権益保障（法に基づいた権利行使、訴訟など）<br>　　第 71 章：社会信用のメカニズムの整備：政府やビジネス、社会や司法に対する信用を高める<br>　　第 72 章：公共安全体系の健全化：人民が安心して暮らし、社会の安定と秩序が守られ、国家の長期的な安定と平和を守るために、安全意識に関する教育や公共の安全メカニズムの健全化を図る<br>　　第 73 章：国家安全メカニズムの建設：国全体の安全を守るために、これを脅かす物を厳しく取り締まり、予防的措置もとる |

| | |
|---|---|
| 第13次五カ年計画時期の北京市におけるガバナンス（社会治理）計画 | 国際的に一流の調和のとれた社会を目指すには、ガバナンスメカニズムの改革、社会サービスの整備、大都市にありがちな問題に対処するガバナンス、矛盾やトラブルの予防のためのガバナンス体制の強化が必要<br>（対応）<br>街道、社区の管理体制の改革を行い、党と政府による社会サービスと都市管理事業の業務を下級レベルに任せる<br>・民衆の秩序ある参加を動員する<br>・ボランティア事業の規範化<br>・ガバナンスと社会サービスを連携させ、社会保障と公共サービスレベルを向上させ、公民の福祉の増進に努める<br>（指標）<br>① 社会サービス：社区におけるハード設備、養老施設のベッド数、平均寿命、小学校前の幼稚園入園率など<br>② 社会管理：人口数の管理、管理ネットワークのカバー率、ソーシャルワーカーレベル認定書を所持したワーカーの割合など<br>③ 社会動員：社会組織の数、自治組織の住民の選挙参加率、ボランティアの割合など<br>④ 社会環境：食品の安全検査の合格率、薬品検査の合格率、住民の安心感の率など<br>⑤ 社会関係：市民の公共マナーの文明指数、失業率、企業の契約率など<br>⑥ 共産党の建設：党組織のカバー率 |
| 第14次五カ年計画（2021-2026） | 第十四篇　民生福祉の増進と共建共治共享（ともに建設し、ともに治め、ともに享受する）レベルの向上<br>　共建共治共享のガバナンス制度を整備し、「普恵（恩恵をいき渡らせる）」を強化し、ともに豊かになる行動計画を制定し、地域間の格差を縮小させ、すべての人が公平に豊かになる社会を目指す。そして人々の獲得感（満足感）、幸福感や安心感を高めるようにする。<br>　第49章　多層的な社会保障体系の整備<br>　ネットワークを張り巡らし、すべての人をカバーできるような公平で統一された社会保障メカニズムの構築を目指す。<br>　第50章　女性、未成年、障害者の基本的人権の保障<br>　第51章　基層のガバナンス体制の構築<br>　共産党の自治、法治、徳治を融合させた基層ガバナンス体系の構築を進め、基層の民主協商制度を整備し、すべての人が責任をもってそれを果たし、ガバナンス共同体の利益を享受する社会をつくる。 |

| | ①基層ガバナンスの基礎を固める<br>②社区管理とサービスメカニズムの整備<br>③積極的な社会の力の活用と基層ガバナンスへの参加<br>　社会組織のガバナンスにおける役割を発揮させ、ソーシャルワーカーやボランティアがガバナンスに参加するようにする。社区の社会組織を育成し、財政的補助や補填を進める。ソーシャルワークサービス機構やボランティア組織をサポートし、ボランティアを大きく成長させ、サービス体制を整える。 |

出所：第12次、第13次、第14次五カ年計画を参照し著者作成。

　その背景には、江口がいうように中国の民主制度建設の試みとして「協商民主（deliberative democracy）」が強調されるようになったことがあげられるのではないかと考える。これは、「権力の実施過程、決定過程」を民主化することであり、具体的には座談会やアンケート調査、パブリック・コメントなどにより民衆の政策決定過程への参加を促すものとされており、多元的社会の実現を目指したものである（江口 2018：55）。しかしながら、江口のいうように、中国ではあくまでも統治体制の正当性を高める一つの手段としての中国型の民主主義であり、本来意味する民主主義とは、その価値において相違がみられるといえるかもしれない。

　2021年に打ち出された第14次5カ年計画をみると、社区のガバナンス政策に少し変化がみられる。それは、ソーシャルワーカーのガバナンスへの参加の必要性を明確に打ち出していることである。また、第29章では、社区の発展のために、大学生によるソーシャルワーク実践を進めることや人口1万人あたり18名のソーシャルワーカーを配置することなどが具体的に述べられている。ボランティアの育成を進めることも繰り返し述べられており、社区の発展のために住民の互助機能の醸成やエンパワーメントをはかるうえで、ソーシャルワーカーの活躍が期待されていることがうかがえる。

　このように、中国のガバナンスを全体的にみると、本来のガバナンスの意味することと相違はあるものの、第12次五カ年計画から第14次五カ年計画への変遷において、その概念が明確になり、政府として推進していく内容もより具体的になり、焦点も絞られつつあることから、一定の前進があったことが読み取れる。

## 1-2 街道と社区居民委員会の役割の変遷

　それでは、実際に末端行政機関である街道や社区居民委員会の役割は政策において どのように変化しているだろうか。時代の変化と共に社区のアクターが 多元化するなかでこれらの組織の役割にも変化が起きている。街道と社区居民 委員会は密接に関係しているため、関連する政策もまとめて出されることが多 いが、ここでは特に社区居民委員会の変遷に焦点をあててみていくこととする （**表4-2**）。

　居民委員会が初めて設立された1950年代は、委員会が地域のために貢献し、 信頼も厚かったといわれ、「黄金期」ともいわれている（包 2010：64）。その後 は大躍進や文化大革命により居民委員会としての機能が充分に発揮されなかっ た時期を経て、本格的に居民委員会の重要性が認識されるようになったのは、 改革開放後である。それ以降の居民委員会のあり方をみると、市場経済で社会 情勢が大きく変わるなか、業務内容や行政・党との関係、位置づけも変化して いるのがわかる。

　80年代から90年代にかけては、改革開放の経済体制改革の影響もあり、失 業者や生活困窮の問題が深刻化すると、その解決のために社区サービスが重視 されるようになる。そして、89年の法律により、居民委員会が住民自治組織 として発展していくことが期待され、街道や社区において経済活動を活発化す ることで活動資金を得ながら、社区でのサービスの充実化に努めるなど、自立 的な組織運営を推進する時期もあった。しかしながら、利益追求型の経済活動 が優先され、本来の住民への福祉サービスを提供するという主旨がなおざりに されるという弊害が顕在化し、政府は方針を変えることになる。経済活動を分 離し、街道の行政管理機能が強化され、社区居民委員会が住民自治組織という より、政府のネットワークの一つとして位置づけられるようになったのである。

　特に、2000年以降は社区居民委員会が行政の影響を強く受けるようになる。 これは、2000年に民政部より出された通知のなかで、社区形成の概念を明確 化したことと関係している。通知では、社区の管理レベルと住民の資質の向上 の必要性を述べ、そのためには共産党や国による指導や管理の強化が必要であ るとしている。一方で、住民の団結力や住民参加、住民自治の推進について

### 表 4-2　政策と基層組織の役割の変化

| 時期 | 政策的特徴 / 経済政策など | （社区）居民委員会の役割の変化 |
|---|---|---|
| 1954 年〜<br>【黄金期】 | ・法律で"都市街道弁事処"と"都市居民委員会"を位置づける「街居制」 | ・「単位」に属さない住民や失業者、生活保護対象者や優先的に扶助が必要な人たちのコントロールと管理<br>・治安、公衆衛生、公共事業など社会生活全般をみる |
| 1958 年〜<br>【人民公社と一体化】 | ・「大躍進」、人民公社の設立 民主選挙体制の崩壊 | ・街道→人民公社、居民委員会→人民公社の支社<br>・大躍進政策において、住民を動員して製鋼運動、四害駆除運動（ネズミ、ハエ、蚊、スズメ）の衛生キャンペーンなどの実施、厳しい名簿管理 |
| 1962 年〜<br>【回復期】 | 人民公社の解体 | ・小規模経営サービス事業により住民の生活ニーズに対応 |
| 1966 年〜<br>【崩壊期、機能喪失期】 | ・「文化大革命」<br>→「街居制」の崩壊<br>・「街道革命委員会」「革命居民委員会」の設立 | ・反革命分子の摘発、上層部の指示に従い、政治運動に翻弄→本来の社会サービス機能の喪失 |
| 1978 年〜<br>【回復期・発展期】 | ・改革開放政策<br>→「街居制」の復活<br>・1982 年：《中華人民共和国憲法》<br>・1989 年：《都市居民委員会組織法》 | ・街道→区の出先機関、居民委員会→大衆による末端自治組織<br>・社区居民委員会は「自己管理、自己教育、自己奉仕」を行う基層群衆自治組織であることが明記<br>・メンバーは選挙による選出<br>・社区居民委員会の業務が制度化<br>・社区居民委員会の管理業務は 300 項目以上へ |
| 1990 年代<br>【推進強化期】 | ・1991 年：民政部《社区形成の構想と意見に対する聴取に関する通知》<br>・1993 年：民政部《社区サービス事業の発展加速に関する意見》 | ・大量の失業者、流動人口の増加、高齢化問題などへの対応のサービスや管理<br>・サービス対象は単位外の一部の住民から全住民へ |
| | ・1998 年：国務院「社区サービス管理工作を指導し、社区形成を推進する」<br>・1999 年：民政部に専門部署「基層政権と社区形成司」設立<br>→全国において社区形成を強力に推進する<br>→「街居制」から「社区制」へ | ・社会保障やサービス体系構築を加速し、社区において福祉サービス業などを充実化<br>・「三産」というレストラン、たばこ屋、自転車修理、廃品回収、託児・老人介護サービス産業などのコーディネート<br>・失業者の再就職の推進<br>・社区形成と経済活動の分離<br>・ |

| 2000年代<br>【党・政府の指導<br>管理強化】 | ・2000年：民政部《全国における<br>都市社区形成の推進に関する意<br>見》<br>・2004年：「調和のとれた社会形<br>成」の推進<br>・「徳治」をもって社区形成を行<br>うのが党の役割 | ・新たな経済組織や社会組織が出現、<br>拠点として社区の重要性高まる<br>・基層社会の党組織の強化<br>・「住民自治、秩序正しい管理、完<br>全なサービス、良好な治安、優美<br>な環境、穏やかな文政」<br>→自治機能の低下、政府の出先機関<br>的役割 |
|---|---|---|
| 2010年代<br>【党・政府の管理<br>統制強化と一体<br>化】 | ・2010年：「都市部における社区<br>居民委員会建設の強化の改善に<br>関する意見」<br>・党の意思決定を住民組織に浸透<br>させる指導体制 | ・行政型社区から共治社区を目指す<br>方針<br>・サービス提供を主な業務とする<br>・上からの権威主義的な統治を維持<br>しながら、下からの民主的な要素<br>を結合<br>・党委員会と社区居民委員会が一体<br>化<br>・ガバナンスの一つのアクターとし<br>ての位置づけ |

出所：包（2010）「中国都市部における社区居民委員会の沿革」：59-71、古賀（2007）「中国都市部
における社区形成と居民委員会」：15-32、譚（2019）『中国社区発展報告（2018-2019）』、高
（2016）『社区社会組織与城市基層合作治理』を参照し、著者作成。

も社区形成には必要不可欠であるとし、これらを両立して実施していくという
目標を掲げている。その後は、「調和のとれた社区形成」のスローガンのもと、
経済発展至上主義によってもたらされた環境や格差の問題に対し、社会全体が
協同して取り組んでいかなければならないとし、共産党と政府の強いリーダー
シップが求められるようになる。この頃から、社区居民委員会は行政の末端機
関である街道の業務の一部を担うことも多くなり、行政の出先機関的な組織と
して位置づけられ、負担もますます大きくなる状況であった。近年では、多元
化社会を目指す流れのなかで、行政と自治の力のバランスをとりながら、多元
的なアクターによる分業と協働体制の構築を目指している段階といえるが、党
の影響力は引き続き絶大なものである。

　いずれにしても、これまでイニシアティブが完全に社会（地域）側に移行す
ることはなかったことがわかる。つまり、国家と社会の関係からみると、単に
社会の側の自律性の向上を強調するものではなく、多元化する社会に対応した
国家のリーダーシップの再編が試みられていることを示している（江口 2010：
19）。社会の非政治的な空間においては協議や対話を進めることで民主化を推

進する形をとる一方で、政治的な空間では、国家の指導的立場を徹底する体制を貫くという二つの対極的な方法が入り交じった構造が社区には存在している。本来は、社区居民委員会は行政組織ではないため、街道と上下関係にはないわけだが、党組織としてみると、党の最も基層組織ということになる。よって、住民自治組織でありながらも、行政のネットワークのなかに組み込まれているという背景がそこにはある。

　このような社区の矛盾した管理体制を批判的にみることもできるが、一方で党の指導や管理を末端まで浸透させることで、共産党統治の安定と同時に社会の安定も守られてきたともいえる。社会の安定が保障されるということは、安心して経済活動や社会生活をおくることができることを意味し、結果的に住民の満足度を高める結果にもなり得るという考え方もある。ただ、近年の政府による監視や管理統制の強化は、必ずしも住民の利益や満足度を上げるためのものではなく、党による統治を守るために行われていたのだとすれば、そのシステムは安定性を保障することは難しいであろう。

　社区居民委員会が多元化社会を目指すガバナンスにおいて重要なアクターとしてその役割を発揮するためには、行政的な権力と上手くバランスを取りながらも、住民の自治組織として、住民の意見やニーズを最優先に位置づける組織としての力をつけていくことが求められるのではないだろうか。そうすることで初めて真の社区の安定性が保障されると考える。

## 1-3 政策における住民の位置づけ

　次に、社区に暮らす住民に目をむけてみたい。社区のガバナンスに対する関心が高まるにつれ、当然ながらその社区に暮らす住民の役割にも注目が集まる。政策面からみると、例えば、在宅介護の推進が本格的になる2011年頃から社区におけるボランティアの役割にも期待が高まり、第13次五カ年計画以降は高齢者自身をボランティアとして育成することが重要な取り組みになっていく。特に計画の第9章では、高齢者の社会参加を拡大することを目標とし、高齢者がシルバー人材として社会に貢献することを奨励し、比較的裕福で専門知識をもった高齢者が、貧困の高齢者等に対しトレーニングや技術研修を実施し、貧

困から抜け出せるように支援することが期待されるとしている。また、高齢者の生きがいづくりに貢献した高齢者個人や団体に対し、表彰または報酬を与えることも明記している（中華人民共和国中央人民政府 2017）。

　高齢者のボランティア活動については、元共産党員や専門家、軍人などの模範的な高齢者が次世代の教育や経済状況の遅れている西部地域を支援するための活動に参加するように呼びかけも行っている。そして、高齢者による組織や団体づくりへの支援も重要であるとし、結成された団体や協会の中心メンバーに対し能力研修等の支援を通じてより専門的な力をつけさせ、比較的高度な人材育成事業や課題研究、コンサルティングサービスなどの活動へ参加できるよう支援するとしている。時には高齢者同士のいざこざの調停や互助サービスの展開、高齢者の文化活動の推進において積極的な役割を果たすことが期待されている（**表 4-3**）。

　このように高齢者の貢献を強く支援する背景には、退職年齢が一般的に女性は 50 歳（管理職は 55 歳）、男性は 60 歳と比較的若いという事情のなか、高齢者の就労支援も兼ねることで年金などの社会保険料の巨額な財政負担を軽減したいという政府の意図が見受けられる。

　昔から中国には「老有所為」という言葉があり、高齢になってもできることがあり、社会の役に立つ活動を行うことを奨励している。北京でも北京市老年ボランティア協会などが中心となり、高齢者へ社会活動への参加を呼びかけている。このような政府による呼びかけに対し積極的な反応を示す住民も存在するが、自発的な活動はあまり活発とはいえない。この背景には政策では自発的活動を奨励するとうたいながらも、実際はそれを推進する具体的方策はなく、政府としては市民を動員するほうがトラブルを避けられるため実施しやすく、社会管理という観点からも安心できるということがあると思われる。このような傾向は第 13 次五カ年計画（2016 年～ 2020 年までの 5 年計画）における「城郷社区服務体系建設企画（2016-2020）（都市部農村部社区サービスシステム建設計画）」[2] でも見受けられ、計画では、サービスの多様化を目指すなかで住民が計画の策定や活動の設計、サービスの提供や評価などの全工程に関わることを奨励するとしているが、その具体的な方法は示されておらず、関連する活動報告なども見当たらない。

表 4-3　住民のボランティアや組織活動に言及した政策とその内容

| 関連する主な政策 | 参加やボランティアに関する内容 |
|---|---|
| 第 12 次五カ年計画<br>（2011 － 2015）<br>高齢者事業行動指針 | 高齢者の精神・文化生活の充実<br>・高齢者むけの教育の強化<br>・コミュニティ文化施設の整備<br>・高齢者の健康づくり支援<br>・高齢者の社会参加の拡大（高齢者人口の 10%目標） |
| 第 13 次五カ年計画<br>（2016 － 2020）<br>高齢化事業行動指針 | 第七章　高齢者が住みやすい環境作りの推進<br>　　第三節　宣伝教育等を通じ敬老の社会的雰囲気の醸成<br>第八章　高齢者の精神・文化生活の充実<br>　　第一節　高齢者むけ教育の発展<br>　　第二節　高齢者文化の繁栄<br>　　第三節　高齢者の精神的ケアの強化<br>第九章　高齢者の社会参加の拡大<br>　　第一節　高齢者自身の積極的なメンタルの育成<br>　　第二節　高齢者の人的資源の開発と強化<br>　　第三節　高齢者のボランティアサービスの発展（高齢者人口の<br>12%）<br>　　第四節　高齢者による社会組織（協会）の規範化と発展 |

出所：第 12 次、第 13 次五カ年計画高齢者事業発展関連の資料を参照し著者作成。

　それでは、住民の意識からみたらどうであろうか。日本では 1961 年に「皆保険・皆年金」を実現してから 80 年代に高齢化福祉への本格的な取り組みを始めるまで 20 数年の時間があった。中国は 2010 年ごろからようやく全国民適用の社会保障体制を整備した状況である。つまり、個人が背負いきれないリスクを社会全体で分かち合うという社会保障制度に対する考え方は浸透し始めたばかりであるといえる。日本は戦後の公衆衛生や地域福祉の活動において、住民参加型のアプローチはさまざまな場面で展開されていた（倉持 2012）。一方中国では、社区における課題を住民が団結して解決するといった協働作業のチャンスがないことで共通利益や共感といった感情が育まれる機会が少なかったといえる。よって、養老サービス政策においても住民の貢献が期待されているものの、現段階では住民はあくまでもサービス対象や動員という受身の存在であり、住民や高齢者自身の主体的な活動の展開を難しくしていると考えられる。このことは、社区への愛着や共感、帰属感の醸成にとっても不利な条件であるといえる。

## 1-4 小括

　第1節では、特に高齢化問題が取り上げられるようになった2011年以降からの政策や制度の動向のなかで特にガバナンスの変遷に目をむけ、それが徐々に具体的に、明確になってきている一方で未だに管理のレベルから抜けきれないでいる現状を明らかにした。

　次に、社区政策や社区形成の中心ともいえる社区居民委員会の役割の変遷に焦点をあて、それが時代の政治情勢や経済体制の影響を受けながら翻弄されている現状を示した。住民自治組織でありながら行政ネットワークに組み込まれることで、本来あるべき活動が展開できないといった課題を有しながら、一方で共産党による強い管理体制のもと、安定した社会環境をつくり出すことが可能になるという矛盾を抱えていることにも触れている。

　また、社区における住民のボランティア活動については、政策においては奨励するものの、これまで多くが動員や退職した共産党員幹部が中心となり実施されてきた現状は、やはり歴史的に共感や負担を皆で分かち合うといった意識が育まれる土壌がなかったことに起因することが考えられるとしている。

## 第2節　在宅社区養老サービス推進のための取り組み

　ここでは、北京市が在宅介護サービスを推進するうえで、近年特に注目し、力を入れている活動4点につき紹介する。北京市は著者が長年にわたり勤務していた場所であり、今回の現地調査も赴任中に北京市で実施したことから、北京市の取り組みについて紹介することとする。これらの活動はどれも在宅介護を推進していくうえで欠かせないものであり、このようなさまざまな取り組みを行うことで、社区のサービス体制の充実化を目指している。そして、これらの内容は、次節で分析を行う中国式福祉コミュニティ像の構成要素としても位置づけられる。

## 2-1 北京市社区における養老センターとステーションの位置づけ

2014年に制定された「北京市高齢者施設養老センター3年建設実施計画」により街道行政レベルに1カ所ずつ養老介護センターの建設が進められる（北京市民政局 2014）。基本的な機能として、1）施設介護、2）在宅介護、3）社区の宅老所、4）専門的サポート、5）技能実習、6）情報管理、があげられる。原則的に街道に属する社区の住民を主なサービス対象とし、政府は国有企業や民間企業に運営を委託し、有料、無料のサービスを提供している。

北京市の社区養老ステーションは、2016年に出された「社区養老サービスステーション建設に関する意見」（陸 2018）[3] 後から急ピッチで建設が進められてきた。建物は政府が無償で提供し、ステーションの運営は、委託を受ける民間企業によりそのスタイルはさまざまであり、企業の専門性を活かしたサービスを提供しているところもある。図 4-2 は養老産業サービス供給のあり方を示したものである。政府は民間企業のサービスを購入する、つまり公的資金を導入することで民間企業のサービスの価格を抑え、廉価な価格でのサービスを実現している。そこには準市場の仕組みが存在し、公的責任を残しつつ、サー

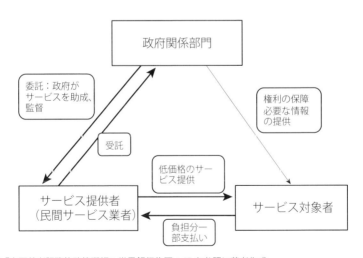

出所：『中国養老服務的政策選択』世界銀行集団：45 を参照に著者作成。
**図 4-2　中国のサービス供給における 3 者関係（準市場の仕組み）**

ビス供給主体の多元化によるサービスの質の担保、多様化を目指そうとしている。

　一方で、第5章のヒアリング調査からも明らかになるが、実際にサービスを提供する民間企業は利用する高齢者の数や有料サービス利用の伸び悩みなどで経営状況が苦しい企業も多い。

　社区養老ステーションのサービス内容は政府の方針にある六つの内容に基づいており、具体的にはデイケア、食事の提供、健康指導、文化娯楽、呼び出しサービス、メンタルケアが含まれている。養老ステーションは基本的に民政部の指導を受けているが、その他にも、医療と介護の連携については国家衛生健康委員会、設備、消防、食品管理などはそれぞれの関係部署が管轄している。

　また、ステーションには床面積によりA型、B型、C型の3種類がある。内容は**表4-4**のようになっている。

　養老ステーションは、その規模の違いによりサービス内容に相違があり、例えば、大きなものは医療サービスも提供できる体制をつくっており、軽度から重度までのデイケアの受け入れが可能である。養老サービスステーションは、もともと街道養老センター機能の延長上に位置づけられ、特に在宅介護サービスを提供する重要なプラットフォームとしてその役割が期待されている。しかしながら、養老サービスステーションが養老センターと同様の機能をもつこと

**表4-4　養老ステーションの種類**

| | 面積 | ベッド数 | 人員配備 | （基本6項目以外の）サービス内容 |
|---|---|---|---|---|
| A型 | 総面積1,000㎡以内、サービス区域400㎡以上 | 15床以上 | 管理者、財務、医療保健、介護、ソーシャルワーカー、看護師、応急措置 | リハビリ、メンタル相談、法律相談、ニーズに応じた個別医療サービス |
| B型 | 総面積約500㎡、サービス区域200～400㎡ | 10～15床 | 管理者、ソーシャルワーカー、介護、応急措置 | リハビリ、メンタル相談、法律相談 |
| C型 | 総面積約300㎡、サービス区域100～200㎡ | 10床以下 | 管理者、ソーシャルワーカー、介護、応急措置 | 特になし |

出所：譚（2019）『中国社区発展報告（2018～2019）』：161を参照し著者作成。

で、両者は競合関係となり、業務上の情報共有や連携は順調に進まない、といった課題も存在している。

## 2-2 医療と介護の連携

中国において医療と介護の連携が注目され始めたのは 2013 年に出された「国務院養老サービス業の発展を加速させる若干の意見書」[4] において、医療機関と介護施設の連携モデルが話題になったことに遡る。それから次々に発出される中央政府からの文書のなかで両者の連携の重要性が述べられるようになる。具体的には、中国における医療と介護の連携には、以下 4 種類の形があるとされている。1）医療機関における介護サービスの提供、2）介護施設における医療サービスの提供、3）医療機関と介護施設の契約による連携、4）社区における両サービスの展開である。そして、第 13 次 5 カ年計画以降、在宅介護や社区介護の推進に関する方針が出され、それにともない、介護保険もモデル的に実施されるようになる。

中国は基本的にホームドクター制度を採用しており、社区の衛生サービスセンターの医師と契約を結んだ住民のカルテの電子データは全て保管されており、センターで対応しきれない場合は大病院へと紹介するリファーラルシステムも構築されている。このような健康に関する医学データが保管されているセンターにおいて介護サービスも提供できるようにするか、または情報を養老介護センターや養老サービスステーションなどの介護関連施設に共有するようになれば、客観的データに基づいた看護と介護両方のサービス計画の作成も可能となり、合理的で便利なサービス体制の構築が期待できると考える。

しかし、この業務連携の推進はハードルが高いのが現状である。例えば著者が中国で勤務していた頃、医療を推進する国家衛生健康委員会の老齢健康部門から日本の地域における医療と介護の連携事業について経験を共有してほしいと依頼され、日本から専門家を派遣しセミナーを開催したことがある。そこで議論されたのは、社区にある衛生サービスセンターが介護を取り入れたサービスを展開するためのガイドラインの内容であった。衛生サービスセンターが現在の医療サービスの提供から、新たにショートステイ用のベッドと介護士を入

*113*

れることで、施設としての機能ももち、同時に訪問看護や訪問介護も実施する、という方向で話し合いは進行していた。しかしながら、すでに社区で介護サービスを展開している民政部管轄の介護施設やステーションとの連携についての議論はまったく行われず、作成されたガイドライン案にも連携や情報共有についてはほとんど言及されていない状況であった。このように、社区レベルにおいても部署間の連携は困難な状況にあり、今後、関係機関における調整が行われることが期待される。

## 2-3 中国におけるソーシャルワーク

　ソーシャルワークのことを中国語では「社会工作」という。そもそもこの職業が正式に認められたのは2004年であり、比較的新しく、社会にその役割や重要性が充分に認識されているとはいえない状況である。現在、中国のソーシャルワーカーは、人力資源社会保障部と民政部が認める国家専門技術資格の「社会工作師」とされ、高級社会工作師（Senior Social Worker）、社会工作師（Social Worker）、助理社会工作師（Junior Social Worker）の3級からなる。

　ソーシャルワーカーの教育は、1920年代に始まったとされているが、その後さまざまな要因で何十年にもわたり中断していた。中国の貧困問題や流動人口問題、失業問題、障害者問題などいわゆる社会的弱者の拡大とそれに対する関心が高まるにつれ、ソーシャルワークの教育も重視され始める。そして、1988年に北京大学に「社会工作」の教科が設立されたことで、ソーシャルワークの教育が復活した。現在では多くの大学や専門学校で社会工作の専門が設けられ、すでに多くの人材が社会で活躍しているが、独立した専門として学術界でその地位が確立していないのが現状である。このことは、残念ながら社会工作が未だ社会から充分に重要視されておらず、ソーシャルワーカーが果たすべき役割が認識されていないことを意味していると考えられる。李は、中国における社会問題の特殊性を指摘し、ソーシャルワークの仕事も中国の現状に対応できる専門の人材を育成すべきであると指摘している（李 2012）。

　2016年に民政部より出された「北京市社会工作十年発展報告」には、2006年から北京市において、特に人材教育に力を入れ、2016年時点で上述した3

級の資格のうち、社会工作師、または助理社会工作師の資格保有者は約2.5万人であるとし、ソーシャルワークが提供するサービスの標準化も進めてきたことなどを説明している。また、報告書によると、2013年からは、社区の行政の力、社会の力、そして専門性の力を有機的に連動させたサービス体制を構築するためのガバナンスを整備したことが記されている。そして、経済発展で格差の問題も深刻化し、社会的構造の変化により社会が多様化し社会問題も複雑化しているなかで、ソーシャルワークの専門性を充分に活かし、社会福祉政策の着実な実行と調和のとれた社区形成に貢献することが重要であるとしている（中国民政部 2016）。社区のガバナンス構築において、ソーシャルワーカーの役割が期待されていることが理解できる。このことは、2021年3月に打ち出された第14次五カ年計画においても強調されており、ソーシャルワーカーや社会組織、ボランティアなどの多様な主体が社区形成に対し積極的な役割を果たすことがますます求められていることを意味している。

　高齢化対策におけるソーシャルワーカーの果たすべき役割について、劉は、高齢者の生活の質の向上のために、文化的、娯楽的なサービスの提供を切り口にして、高齢者の社会活動への参加意識と能力の向上、積極的なボランティアや互助活動の展開に対するサポートを行うことを提案している（劉 2020）。まずは高齢者を対象に働きかけを行うことで、ソーシャルワークへの理解と関心を高め、社会的な認知度をあげていくことも必要である。

## 2-4　生活を支えるビジネス産業

　中国では，高齢者の生活を支える買い物、介護のためのサービス、またレジャーなどに関連するビジネスを、「銀髪経済（シルバー経済）」と呼び、さまざまな企業が参入している。携帯電話のアプリを通じてニュースを読み、レストランの料理やスーパーの食料品の宅配サービス、ネット販売を利用して生活必需品を購入するなど、外出が不自由な高齢者でも携帯ひとつで簡単に操作でき、非常に便利である。携帯電話の電池の取り替えまでも、ネットで注文すれば家まで来てセッティングをしてくれるなど、行き届いたサービスは高齢者の生活に利便性を提供する貴重な社会資源である。高齢者用のAPPでは、例

えば広場踊り APP や薬品情報 APP など人気のあるものが数多くあるという。このように、ネット産業の発展にともない、サービスの内容も多様化し、今では在宅で生活する高齢者の生活を支える主要なインフラとなりつつあり、今後もその重要性はますます高まるであろう。

　また、ある街道管轄地域では、有名チェーン店の飲食業界や理髪店、家事サービス業者、老人用介護用品販売業者などのビジネス業界と契約を結び、高齢者に対し廉価なサービスを提供する試みなどをしているところもある。

　社区には、自営業で小さな商店を営み、家具修理や配水管の修理を行う人や、小規模な八百屋を開き、高齢者を含めた住民の生活必需品を販売する人もいる。政府も徒歩 15 分以内にサービス拠点をつくることを奨励しており、さまざまなビジネスによる暮らしを支えるサービスが社区単位で提供されている。

## 2-5　小括

　第 2 節では、北京市で近年推進している社区における在宅養老サービスについて、四つの取り組みを紹介している。まず、インフラ整備として、特に社区養老サービスステーションの建設は急ピッチで進められ、多くが公設民営のかたちでさまざまな民間企業の参入を得ながら、社区に住む主に比較的元気な高齢者を対象に廉価なサービスを提供していることをあげている。次に、施設や病院、社区においてカルテの電子化等を通じて医療と介護の連携に力を入れる一方で、縦割り行政などが影響し、なかなか順調に進まない課題などについても言及している。そして、社区福祉の向上において期待されているのが、ソーシャルワーカーの役割であり、近年の経済格差の深刻化、社会の多様化が進むなかで、調和のとれた社区形成を実現するために、国家政策においてもますます重要視されているとしている。最後に、生活を支えるビジネス産業の役割などをあげている。特に、高齢者に限らず一般市民も積極的に活用するネットビジネスの発展は、宅配業の進歩と相まって生活には欠かせない重要な社会資源の一つとなりつつあるとしている。

## 第3節　中国式福祉コミュニティ像

　これまでの中国の政策の動向や変遷をみると、中国がどのようなコミュニティを形成しようと考えているのか、その様子がある程度みえてくる。ここでは、第1章で議論された福祉コミュニティ理論や要件などを参考に、中国の政策がどのように位置づけられるかみることで、中国式の福祉コミュニティ像について考察したい。以下の**表4-5**は野口がさまざまな概念に対する考察を通じ示した福祉コミュニティ成立要件（野口2016）に、著者がSQの観点を追加したものに、中国の政策を照らし合せて分析したものである。

　まず、理念から順にみていくと、中国における政策ではノーマライゼーションやインクルージョンという言葉はないが、民生の保障や貧困層の生活保障、権益保障、普恵（恩恵をいきわたらせる）の政策を打ち出しており、医療と介護が融合したサービスの提供を通じて、誰もが普通に生活できる社会づくりを目指していることがうかがえる。

　目的に関しては、社区形成を通じて住民がコミュニティ構築に参加することが奨励されており、近隣同士の交流やつながりも重視していることがわかる。また、高齢者自身の積極的なボランティア活動を奨励するなど、自らの生きがいや貢献のために社会参加を進めようとしている。

　価値・態度においては、近隣同士の良好な人間関係をつくり、調和のとれた社区形成を目指していることがうかがえる。

　人的要件では、地域のボランティアの育成や高齢者の社会参加を奨励していることがわかる。またソーシャルワーカーの配置も進めることになっている。

　組織的要件からは、社区に養老ステーションを建設し、社区居民委員会による管理体制が整備され、医療サービスとして衛生センターも設置されており、組織体制としては比較的よく整備されているといえる。また、ソーシャルワーカーが地域サービス活動を展開するための拠点となるソーシャルワークサービス機構を支援しさらに発展させる計画などもある。ただ、これらの組織間がどのような関係のもとに如何に協力していくかなどについては明確にされていない。

表 4-5　福祉コミュニティの成立要件と中国の政策

| 構成要素 | 内　容 | 形成の基礎的要件 | 中国の政策 |
|---|---|---|---|
| 理念 | ノーマライゼーションとソーシャル・インクルージョンの原理をコミュニティレベルにおいて実現すること | 【居住福祉空間】住宅政策と医療・福祉政策の融合【社会的包摂】地域の共同活動を担う人々か自前主義に基づき活動する【公共の価値観】共感を通じた意識の形成 | ・民生保障<br>・貧困層への最低生活保障<br>・養老保険体系の拡充<br>・医療と介護の連携の推進<br>・権益保障<br>・多層的な社会保障体系の整備<br>・普恵（恩恵をいき渡らせる） |
| 目的 | 人と人との基本的な結びつき、コミュニティ生活の質の構築を目指し、人間的社会保障を内発的に発展させつつ、グローバルな異質性をも吸収していく新しい協働社会を創造していくプロセスを重視すること | 【内発・自治】内発的自己創出の原則：動員という名の活動の形骸化を避け、活動主体である個人の自由な意思に基づく【システム・制度とコミュニティ集団の融合】 | ・文化娯楽活動の充実<br>・サービスの多様化を目指すなかで、住民が計画の策定や活動の設計、サービスの提供や評価などの全工程にかかわることを奨励する<br>・高齢者の社会参加の拡大 |
| 価値・態度 | 他者理解、洗練と成熟、価値意識の葛藤（コンフリクト）と承認と和解 | | ・調和のとれた社区形成<br>・政府主導、社会の参画、全人民の行動を結合させる |
| 人的要件 | 新規参入型の住民層、伝統的定住型の住民層、地域・生活問題の当事者、地域活動・運動を実質上担うリーダー層 | 【自我の組替え】地域住民がともに重荷を担い合う諸活動の経験を通じて課題を共有化する<br>・共同意識の形成<br>・コミュニティソーシャルワークの充実化 | ・高齢者の社会参加の拡大<br>・ソーシャルワーカーの配置<br>・ボランティアの育成、動員 |
| 組織的要件 | 町内会や住民協議会のネットワーク形成／行政や企業を含めた地域の構成メンバーによる公私協働の体制／福祉サービスの顕在的・潜在的利用者を中心にすえた組織体 | | ・社区の養老ステーション<br>・社区居民委員会<br>・社区の衛生センター<br>・「四級三辺」：寄り添ったサービスで高齢者の利便性を最優先するサービスネットワークのモデル<br>・ソーシャルワークサービス機構やボランティア組織をサポート |

| 機能 | 対象者による福祉政策の修正・改善・改廃などのフィードバック機能／マイノリティ（少数者）の声やニーズ把握から出発して、広く住民一般に共通する施策化をはかろうとするもの | 【多職種連携】サービスの統合化【対象者の参加】【住民参加、自治】【場における議論、検討】 | ・ICT によるネットワーク・情報ネットワークの整備・多くのアクターの参加、共同ガバナンスを堅持し、社会管理体制を構築・文明的共同体の構築・住民参加のメカニズムの整備 |
|---|---|---|---|

出所：野口（2016）『人口減少時代の地域福祉』：87, 90-91 を参照し、著者が加筆修正。

　機能としては、ICT による情報通信ネットワークの整備や社区における多くのアクターの参画、住民参加のメカニズムを整備する必要性を明記しており、できるだけ多くの住民の参加を奨励していることがうかがえる。

　このようにみてみると、中国が目指す福祉コミュニティも日本の福祉コミュニティの要素と内容の領域では多くの共通点を有していることがわかる。

## 章のまとめ

　第4章では、中国の社区政策におけるガバナンスや住民参加の視点、社区の居民委員会の役割の変遷などから、中国が目指す福祉コミュニティは如何なるものであるか分析した結果、日本と多くの共通点を有していることが明らかになった。例えば、「民生保障」や「普恵（恩恵をいきわたらせる）」「権益保障」など、全ての人の生活と生計を守ろうとする政策は、インクルージョンやノーマライゼーションに通ずるものがある。その他にもサービスの充実化やボランティアの育成、ネットワーク整備などと通じて社区ケアの発展と同時に社区全体の成熟化をはかることを目指していることがうかがえる。

　一方で、実現するための手段としてのガバナンス体制や住民参加の実態には克服すべき課題もあることが明らかになった。次章の調査を通じてさらに詳しく述べられるが、政策としては理想が掲げられていても実態がともなわない現実、例えば、社区の社会資源が分散し、ガバナンス体制の構築が困難であることなどをあげている。

## ❖ 注

1） 中国では、建国後 1953 年から 5 年ごとの中長期の国家計画を打ち立てている。近年では、2021 年 3 月に開催された全国人民代表大会で、2021 年から 2025 年までの第 14 次五カ年計画が決議された。

2） 基本原則のなかで、「堅持人民主体、多元参与」をあげている。

3） 中国語では、「関于開展社区養老服務駅站建設的意見」であり、この意見書の発出後北京市の社区レベルにステーションの建設が進んでいる。

4） 国務院から発出された意見書であり、中国語では「国務院関于加快発展養老服務業的若干意見」である。

**第5章**

# 中国北京市社区における
# 高齢者ケアの事例分析
## ――進むITと変わらぬ上意下達の管理方式

　本章では、第3章で作成したPDMの項目に基づき、中国北京市の街道や社区において実施したヒアリング調査の結果から、実態を明らかにする。特に、序章で提起した三つの問題意識のうち、2番目のガバナンスや住民参加に関する実態と有効的方法、3番目の地域マネジメントに関して考察を行う。

## 第1節　調査方法

### 1-1　調査対象地域の概要

　調査は、2020年7月から10月にかけて数回にわたり調査箇所を訪問し、ヒアリング調査を通じて行われた。調査箇所は、**表5-1**で示した北京市西城区の末端行政機関である街道センター1カ所、住民自治組織である社区居民委員会2カ所、表5-2で示した実際にサービスを提供する機関として街道介護サービスセンター1カ所、社区養老サービスステーション4カ所である。

　西城区は北京市の中心からやや西側に位置し中国政府機関や軍の重要機関が多く集まり、地域全体で15の街道センターを有する。街道とは区の下に位置する最も小さい行政単位であり、現在北京市においては一つの街道の管轄区における人口を10万人以下にすることが推奨されている。街道センターは行政機関の派出所的な役割を果たし、管轄区に住所のある住民や会社等に対し、窓

*121*

## 表5-1　三つの行政機関およびそれに準ずる組織の状況

| 調査場所 | 調査日/時間 | 業務内容 | 人口 | 高齢化率 | その他 |
|---|---|---|---|---|---|
| 西城区J街道センター | 2020.8.28 10:00-11:00 | 全職員は約200名、そのうち社会保障担当は約50名。19の社区の管理、指導 | 戸籍：約85,000人 常住：約30,000人 | 60歳以上 21.20% | 施設は3.78㎢ |
| 西城区J街道 F社区居民委員会 | 2020.8.28 13:30-14:20 | スタッフは6名。社区に住む住民の情報収集やサービスの提供 | 3,800人 | N/A | 居家養老サービス工作ステーションの設立 |
| 西城区Y街道 S社区居民委員会 | 2020.9.18 15:00-15:45 | スタッフは7名。社区に住む住民の情報収集やサービスの提供 | 9,540人 | N/A | 44の棟からなる社区 |

出所：著者作成。

口で行政手続きなどのサービスを提供すると同時に、社会的な機能として、地域の統計収集や労働保障、衛生管理、広報などを行い、特に高齢者や女性、青少年、子ども、障害者、少数民族などの権益を守ることを重要な業務に位置づけている。また、地域の経済発展のために企業誘致や第3次産業の発展に寄与することも期待されている。組織内には共産党系列の組織として婦人連合会や共産党青年団、工会（労働組合）などもあり、それぞれの団体の業務を遂行している。社区居民委員会の業務指導や管理監督も重要な業務の一つとなっている。

　表5-1にあるJ街道センターは、金融機関や政府機関、そのほかにも多くの高層オフィスビルが立ち並ぶ通りに位置している。管轄区の半分はオフィス街、もう半分は昔ながらの古い平屋の家が占めるという特徴をもつ地域である。市街地の中心で商店が多く交通の便もよいため、住みやすい場所として人気が高いという。サービスセンターの職員は全部で約200名、そのうち社会保障部署に所属する者は50名程度である。管轄地域には19の社区があるが、養老ステーションを有する社区は二つで、介護センターは1カ所ある。ヒアリングの

対象者は、社会保障部署のリーダーであり街道センターでの勤務年数は20年程度ということである。

西城区J街道F社区居民委員会はJ街道に属する社区であり、街道のほぼ中心に位置し、周辺は昔ながらの平屋の住居が集まる地域である。スタッフは全部で6名で、養老、環境などそれぞれ分担して事業が行われている。ヒアリング対象者は特に社会保障関連を担当するスタッフであり、経験年数は7年程度ということであり、ソーシャルワークの資格保有者である。

西城区Y街道S社区居民委員会は、国の政府機関が多く集まり、20階ほどの住宅ビルが建ち並ぶ地域に位置している。周辺に居住する住民はほとんどが国家機関を退職した高齢者か国家公務員であるという。スタッフは7名で、上記と同様にそれぞれが分担して業務を推進している。ここでのヒアリング対象者も同様に社会保障を担当するスタッフであるが資格はなく、経験年数は6年程度ということである。

表5-2は街道や社区で実際に高齢者を対象にサービスを提供している機関の基本的状況をまとめたものである。S1からS4までの四つの養老ステーションは全て公設民営であり、民間企業それぞれの強みを活かした経営を行っている。

S1. のステーションは西城区Y街道に属する社区のステーションである。社

## 表5-2 サービスを提供する五つの機関の状況

(Sは ServiceのSをとり、このように表記する)

| 調査場所／調査日 | 対象人口 | スタッフ | 運営方式 | 施設設計 | サービス内容 |
|---|---|---|---|---|---|
| S1. 西城区Y街道S社区養老ステーション 1回目：2019.8.30 14:30-15:30 2回目：2020.9.18 13:00-13:30 | 周辺の住民10,000人程度（社区は3,000人） | 5名（医療的バックグランド有、リハビリ専門スタッフ1名 | ・政府からの補助（40,000元/年）、夜勤（30,000元/年）・「康美」という薬品会社が運営・週末休み | 268㎡七つの部屋（健康指導、相談室、リハビリ室、デイケア、多機能室など） | （特徴）薬品会社の運営する公設民営のステーションであるため、自家製品の販売も積極的に進めている①食事の提供②健康相談③漢方相談④健康講座⑤文化活動⑥簡単な健診⑦リハビリ⑧訪問介護など |

| | | | | | |
|---|---|---|---|---|---|
| S2. 西城区 Y街道 Q社区 養老ステーション 2020.9.18 11:30-12:30 | 5,400名 | 3名（リハビリ専門スタッフ1名） | ・「康美」という薬品会社が運営 ・週末休み | 80㎡ 三つの部屋：多機能室、健康相談室、リハビリ室など） | （特徴）会社が郊外に所有する畑で野菜栽培。その野菜を使用し料理を提供。S1と同様で公設民営のステーション ①食事の提供②健康相談③健康講座④文化活動⑤リハビリ⑥簡単な健診など |
| S3. 西城区 X街道 T社区 養老ステーション 1回目：2019.8.30 16:00-16:40 2回目：2020.9.23 15:00-15:30 | 三つの社区の約4,000名 | 9名（5名は介護スタッフ、4名は調理師） | 「明苑」という民間の飲食業会社が運営、CSR的活動 ・週末休み | 800㎡ 医務室、ベッド10床、図書室、食堂、リハビリ室、浴室、娯楽室、漢方室など | （特徴）公設民営で民間の飲食業会社が運営し、自前の調理師を派遣。病院との連携を積極的に進めている ①食事の提供②デイケア③医療相談④健康指導⑤心理相談⑥文化活動⑦リハビリ⑧図書室など |
| S4. 朝陽区 P街道 H社区 養老ステーション 1回目：2019.9.10 10:00-11:00 2回目：2020.9.25 14:30-15:00 | 約3,200名、会員は760世帯 | 3名（1名は看護師） | 北京九齢麗湾養老サービス有限公司が運営 ・週末休み | 300㎡ 4部屋（多機能室、マッサージ室、ベッド3床の点滴室、相談室） | （特徴）公設民営のステーション。医師会や糖尿病協会などの医療機関との連携がある ①弁当②健康相談③心理相談④無料回線緊急サービス⑤文化活動⑥リハビリなど（会員制360元/年） |
| S5. 西城区 S街道 H養老介護センター 1回目：2019.11.15 14:00-15:00 2回目：2020.8.28 14:30-15:00 | 周囲の地域約5,000名 | 介護スタッフが60名程度、看護師2名 | 国営企業（華方養老投資有限公司）が運営 24時間体制の介護施設 | 90床（長期入居者は76名）3階建て | （特徴）近くの病院と連携し、何かあればそこへ搬送。認知症も受け入れ、居住費は平均8,800元/月 ①施設介護②周辺への在宅介護③食事④リハビリ⑤文化活動⑥デイケアなど |

出所：著者作成。

区の説明にもあるが、サービス対象者のほとんどは国家公務員を退職した高齢者であり、年金も月に 6,000 元（日本円にすると 100,000 円程度）以上支給され、生活面では比較的安定している。しかしながら、独居高齢者の割合が多く、また教養の高い高齢者であるためか、周りとの交流を拒む傾向にある孤立した高齢者も多いという。ステーションでの高齢者同士の交流は、麻雀やトランプゲームなどが主であり、教養が高くプライドも高い傾向にある高齢者は恐らくこのような遊びに馴染めない可能性が考えられる。このような地域で政府から委託を受けステーションでサービスを展開するのは、「康美」という薬品会社である。サービス内容で最も力を入れているのが 1 日 3 回の食事の提供であり、豊富なメニューを安い値段で提供している。また、自社の健康食品を利用し、高齢者の健康づくりに役立てていることも特徴的である。5 名いるスタッフのうち、1 名はリハビリの施術ができるスタッフであり、2 名は医学的なバックグラウンドがあるが、医師ではない。ヒアリング対象者は 2 年目の若い女性で医学的なバックグラウンドがあるスタッフである。

　S2. のステーションは S1. と同様の街道に属す別の社区にあるステーションであり、S1. と同じ薬品会社が運営するものである。住民の住む高層ビルの一階にオフィスを構え、施設の面積も小さくスタッフも 3 名と少ない。この地域の住民は国営企業の元従業員たちが暮らす地域で互いに顔見知りの人がほとんどだという。このステーションの特徴は郊外にある畑を利用して野菜栽培をしており、時にはそこで収穫した野菜を使った料理を提供しているという。ヒアリング対象者は 3 年目の男性で、リハビリ職の資格をもっている。

　S3. のステーションは、西城区の X という街道に属し、周囲は昔ながらの平屋が建ち並ぶ。このステーションは面積が 800 ㎡ と比較的大きく、提供するサービスの内容も充実しており、特に医療との連携に力をいれ専用の医務室で医者による診察や相談を定期的に実施しているところが特徴的である。「明苑」という飲食業界社が運営をしているため、自社の調理師を派遣し食事を提供している。このステーションは月曜から日曜まで開業しており、公開されているサービス標準価格は**表 5-3** のようになっている。ヒアリング対象者は経験年数 3 年目のステーション長である。

　表 5-3 をもう少し詳細に説明すると、北京市人力資源・社会保障局によると、

**表5-3　S3. ステーションのデイケアと提供される有料サービスの価格表**

(1 元は 16 円程度、 2020 年 3 月時点)

| 類型 | サービス内容 | 軽度 | 中度 | 重度 |
|---|---|---|---|---|
| デイサービス | 半日 | 60 元 | 75 元 | 90 元 |
| | 全日 | 120 元 | 150 元 | 180 元 |
| | 平日のみの毎日 | 2,340 元／月 | 2,930 元／月 | 3,520 元／月 |
| | 週末を含む毎日 | 3,240 元／月 | 4,050 元／月 | 4,860 元／月 |
| | 費用には食費、リハビリ訓練の費用が含まれる | | | |

| 類型 | サービス内容 | 費用 | サービス内容 | 費用 |
|---|---|---|---|---|
| 各種サービス | 入浴介助 | 60 元 / 回 /2 人 | 部分理学療法 | 50 元 /25 分 |
| | 理髪 | 20 元 / 回 | かっさ（刮痧）療法 | 50 元 / 回 |
| | 足の手入れ | 40 元 / 回 | カッピング（抜罐）療法 | 40 元 / 回 |
| | マッサージ | 100 元 /45 分 | | |
| | 経絡、背部按摩 | 90 元 /30 分 | | |

出所：ステーションの価格表をもとに著者作成。

2019 年の北京市の年金の平均受給額は毎月 4,157 元（日本円にして約 66,000 円）である。例えば、重度の障害のある高齢者が終日のデイサービスを利用すると、1 回あたり 2,880 円必要になる。そうすると、この 1 回のサービスに支払う割合は単純に計算して年金受給額の約 4.4％ということになる。

　日本の厚労省が 2021 年 1 月に出した介護報酬の算定構造によると、例えばリハビリ付きのデイサービスを 1 日 7 時間から 8 時間未満で利用した場合、重度（要介護 4、5 とする）であれば自己負担は平均して約 1,290 円である。高齢者の収入は厚生年金と国民年金のみで大きな差があるが、例えば厚生年金の平均受給額の月額約 146,000 円を基準（厚生労働省 2019）として考えると、1 回あたりのデイサービスに支払う割合は約 0.9％である。

　このように比較すると、中国の高齢者がサービスに対して支払う金額の割合は、日本の高齢者の 5 倍近いということになる。日本の場合は介護保険により、自己負担割合が 1 割から 3 割となっており、これにより個人の支出の割合がかなり押さえられていることが明らかである。

S4. のステーションは北京の東に位置する朝陽区の南にあり、周囲には北京最大のアンティークマーケットがある。ここの特徴は、医師会や糖尿病協会などの医療関係者との連携があり、遠隔での健康相談や、健康用具を活用した取り組みを積極的に進めていることである。また、会員制で、会員の家庭には専用電話が設置され、緊急時の対応も可能である。ステーションには交代で常駐する看護師が2名おり、慢性疾患や術後のケアなど専門的なサポートも行っているということである。ヒアリング対象者はステーション長であり、経験年数は3年である。

S5. の養老介護センターは街道レベルに設置された介護施設である。基本的には周辺に住む住民が優先的に入所できる90床の中型施設で、国営企業が運営している。80歳から90歳の高齢者が多く入所しており、その約半分は認知症を患っている。近くの病院と契約を結び、緊急時などは病院が対応することになっている。要介護度を決める専門のスタッフがおり、高齢者の生活能力や体力、反応などをみて介護レベルを決定している。この施設の屋上には家庭菜園があり、高齢者も散歩や野菜づくりを楽しむことが可能であるという。ヒアリング対象者は女性のセンター長と女性の介護スタッフのリーダーであり、どちらも経験年数は12年程度ということである。

## 1-2 調査対象及び調査項目

今回のヒアリング調査の対象地区の選定にあたり、多くの時間と労力を費やすことになった。外国人であることや新型コロナの感染が完全に落ち着いていない状況のなか、どこの機関も受け入れには慎重であり、なかなか許可を得ることができなかった。計画では、四つの街道センター、その下にある四つの社区居民委員会、そのなかにある四つの養老ステーション、一つの介護センターの13カ所に調査を依頼したが、実現したのはそのうちの8カ所であり、街道センター1カ所、社区居民委員会2カ所、養老ステーション4カ所、介護センター1カ所であった。

ヒアリング調査を実施した対象は、それぞれの機関の責任者や担当者であった。中国ではリーダーと違う意見を公の場で口にすることが難しい環境がある

ため、アンケート調査を通じて業務に携わるスタッフの個々の意見を収集し、さまざまな考え方を把握したかったが、厳しい制限のあるなか実現することができなかった。住民参加をテーマにした研究でもあるため、住民アンケートも依頼したが、承諾してもらえなかった。

調査項目は、第3章で作成したPDMの成果の内容に基づき、社会的連帯に関する質問が五つあり、例えば、ガバナンス体制の構築やボランティア活動、ニーズを把握する機能についてなどが含まれる。そして、社会的エンパワーメントに関する内容も五つあり、例えば、住民の主体形成機能やソーシャルワーカーの役割の発揮、地域マネジメントなどに関する内容が含まれる。社会的包摂に関する内容は個別支援の地域支援へのつながりであり、全部で11の質問項目を設けた。調査場所の業務内容と関連させながら質問事項を調整し、ヒアリング調査を実施した。

## 1-3 社区養老サービス提供体制

ここで、簡単に社区がどのような仕組みになっているか説明する。社区には社区居民委員会があり、行政業務の一環として社区全体の管理を行っている。医療関係では社区衛生サービスセンターがあり、ホームドクター制もこのセンターが中心となり実施しており、近年プライマリヘルスケアの充実化にむけて行政も力を入れている。介護サービスとしては、北京では社区養老サービスステーションを設置している社区が多くあり、ほとんどは政府が民間企業に委託する「公設民営型」で行われている。委託された民間業者はそれぞれの運営方法でサービスの種類や人員を配置しサービスを提供する。**図 5-1** は、北京市朝陽区にある某社区の養老サービスの全体像を示したものである。ここでは、社区養老サービスステーションがICTシステムにより会員である高齢者と常につながり、必要に応じた生活支援や健康相談等のサービスを提供できる環境を整備している。また、社区には居民委員会が全住民を対象にサービスを実施する「社区サービスセンター」があり、家電や家具の修理を廉価で提供し、また高齢者むけの支援も行われている。

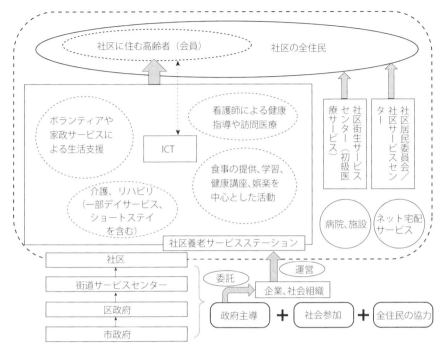

出所：内山（2020）をもとに著者一部修正。
図 5-1　北京市朝陽区の某社区養老サービスの全体像

## 第2節　現地調査結果

### 2-1　街道サービスセンター

　表 5-4 は J 街道センターの社会保障担当者へのヒアリング結果である。11の質問内容は第 3 章の PDM の成果の内容を活用し、1 から 5 は SQ の社会的連帯に関する内容、6 から 10 は SQ のエンパワーメント、11 は社会的包摂に関連するものである。

　街道は最も小さい行政単位であるが、実際に各種サービスは社区レベルで提供されているため、全体的に住民との関わりは薄いのがうかがえる。住民の

## 表 5-4　西城区 J 街道センターのヒアリング結果

| | 質問内容<br>（PDM の成果） | 回　答 |
|---|---|---|
| 社会的連帯 | 1　福祉ガバナンス体制が構築されているか | a．定期的な会合はあるが、メンバーは社区居民委員会が主である<br>b．地域の住民や団体などが参加する会議はない<br>c．地域の問題などを住民を入れて広く議論することはない<br>d．街道としての活動計画はなく、社区居民委員会が具体的な活動を考える<br>e．住民のニーズは社区から挙げられる報告で理解できる<br>f．住民からの意見は社区居民委員会によせられる |
| 社会的連帯 | 2　地域活動に多くの住民を参加させるためにどんな方法をとっているか | a．具体的な地域活動は社区で行われる。街道レベルでは社区の職員に対する研修などを実施<br>b．住民は社区で必要な情報を得ており、必要に応じて活動に参加している<br>c．高齢者に対する活動は文化や娯楽関連などかなり多い<br>d．地域活動に関する情報は社区で提供される<br>e．地域活動に参加する高齢者は多いが、若い人はほとんどいない<br>f．一人暮らしの高齢者には社区が関心を寄せて対応している |
| 社会的連帯 | 3　ボランティア活動を活発にするための対策はあるか | a．ボランティア活動に関心が高い人は多いが、参加はそれほどでもない<br>b．ボランティアを育成するために、最近は「修理技術」の研修を社区の住民を対象に実施する予定。高齢者を対象に料理教室や誕生日パーティーなども企画される<br>c．ボランティアによるサポートの受け入れは皆歓迎している |
| 社会的連帯 | 4　地域において課題やニーズを把握、介入する機能はどのようになっているか | a．街道センターでは窓口で手続きサービスは行うが、具体的相談は受け付けていない<br>b．地域の課題やニーズは社区居民委員会へ相談する<br>c．課題を地域の皆で共有することはない<br>d．認知症などの問題は社区居民委員会へ相談 |
| 社会的連帯 | 5　障害者や高齢者、貧困世帯、出稼ぎ労働者などの要援護者と住民の結びつきはどうか | a．障害者などは専門の機関からサービスをうけるため、住民は特に関わらない<br>b．社区にいるソーシャルワーカーが相談にのる<br>c．健常者などがボランティアでサポートすることはあるが、一緒に地域活動をすることはほとんどない<br>d．出稼ぎ労働者に対する支援も社区である。地元住民と特に交流はない |

| | | | |
|---|---|---|---|
| エンパワーメント | 6 | 地域のマネジメントはどのように行われているか | a．社区に対しては定期的に視察、指導に出向く<br>b．社区からは定期的に活動レポートが提出され、それをみながら活動の実態をつかむ<br>c．簡単な評価項目もあり、それに基づいて評価を行う。活動の実施回数とか情報の周知状況など<br>d．地域住民が社区の活動について議論することはない |
| | 7 | 住民の主体形成機能が強化されるような活動は実施しているか | a．ボランティアが集まって話をすることはあるが、テーマは限られている<br>b．住民がどのような地域にしたいか等のテーマについて議論することはほとんどない<br>c．社区の居民委員会には住民からの意見を常に受け付けている<br>d．社区では研修というよりさまざまな文化活動などが行われている |
| エンパワーメント | 8 | CSWが地域において住民のエンパワーメントを促す役割を果たしているか | a．CSWは街道センターにも何人かおり、社区にも1名はいる<br>b．最近の若いCSWは福祉について勉強しており、そういう視点で仕事をしている<br>c．高齢者事業に関わるスタッフは重要な役割を果たしている<br>d．市や区レベルで実施される研修会にCSWを参加させている |
| | 9 | 地域の状況が広報を通じて住民に理解されているか | a．通知などは今は微信（Wechat）などを通して容易に得られる<br>b．社区居民委員会の前にも掲示板があり、重要な通知はそこにも張り出す |
| | | | c．地域を意識した内容の広報（広報誌のようなもの）はない |
| | 10 | まちの資源を活かしたまちづくりが行われているか | a．社区には公園や運動する場所などがあり、皆そのようなところに集まり交流をしている<br>b．この地域は商店が多く歴史の古い通りや寺院もある<br>c．まちの社会資源を意識して考えたことがない |
| 社会的包摂 | 11 | 個別支援が地域支援につながり課題解決の仕組みができているか | a．個別の課題は社区の居民委員会やステーションを通じて対応する<br>b．在宅高齢者の困り事などは社区で把握し、サービスにつなげているところもある<br>c．特に2014年から医療と介護の連携に力をいれており、個別の課題に対応し、本人が望む支援を得られる体制づくりをしている |

出所：ヒアリング調査結果を基に著者作成。

ニーズに対しても詳細には把握しておらず、ニーズや課題を吸い上げる直接的な方法はなく、社区の報告から状況を判断する仕組みになっている。活動計画も作成しておらず、基本的には上層レベルである区からの指示に従い、達成目標などを社区に伝える役割を果たしている。地域活動への住民の参加状況についてもほとんど状況を把握しておらず、またそれが行政にとって必要であるという認識は低い。ボランティア事業には関心があり、今後高齢化が進むにつれますます必要になるという意識はあるが、参加率を高めるための具体的な方策はもち合せていない。地域における障害者の問題などは、専門家が個別に対応をするため、周囲の住民がその問題について共有することはなく、関わることもないという。出稼ぎ労働者などとの共生についても、特に地域で対策はとっていない。地域マネジメントについては、直接社区へと足を運び視察や指導を行っており、モニタリング活動は実施されている。具体的な評価指標等はなく、活動の実施回数や参加人数等を把握する程度である。住民の主体形成については、住民が自主的に地域のことや課題について議論をすることを政府としては特に推進せず、行政の態度はあくまでも住民からの意見を受けつけるというものである。ソーシャルワーカーは街道にも数名配置しているが、住民のエンパワーメントを促すような役割は果たしていない。特に社区から地域住民むけの広報誌などは発行しておらず、情報の提供はほとんどが SNS を通じて行われており、政府からの通知事項が主である。管轄する社区にどのような社会資源があるかについては街道の担当は概ね把握しているというが、そのような資源を活用したり、連携するという考えはない。

　以上の回答を SQ の社会的連帯という角度からみると、住民の参加を求め、住民の組織化を進め、協力関係を構築するような活動は特に重視していないことがわかる。住民はあくまでもサービスを施す対象であり、住民に対してそれ以上の期待はない。地域の活動計画がないために事業を推進するうえでのアクターとの検討や協議もなく、関係機関や関係者との連携体制の構築はあまりみられない。

　社会的エンパワーメントの角度からみたらどうであろうか。街道としてはあくまでも社区の業務を管理するという立場であり、住民をエンパワーすることや住民自治を推進する立場にはないという意見であった。SW が配置され始め

たことは福祉を推進するうえで重要な前進であるが、今後充分な活躍の機会を
与えられるかが鍵になると思われる。

　社会的包摂においては、全ての管轄社区において医療と介護の連携を通じた
サービスの充実を目指すとしており、住民の福祉の向上に努めることを重点目
標に掲げている。

## 2-2　社区居民委員会

　社区居民委員会とは本来は住民の自治組織として位置づけられているが、近
年は委員会の機能が拡大され、多くの行政的役割が課せられているのが実体で
ある。その変化は居民委員会の職員の採用試験などからも読み取ることができ
る。北京市では、居民委員会専属のスタッフを広く募集し、筆記テストや面談
の厳しい試験を通じ若い人材を採用するケースが増えている。また、共産党員
であれば優先的に採用されるなど、党とのつながりは強化される傾向にあると
いえる。主要業務については、まずは上層部の党の方針や法律、規則などを住
民に周知することを重要な任務とし、そして住民へのサービスと管理を徹底す
ること、住民との交流を深め、意見や提案を聞き入れること、住民の社区にお
ける活動への参加を促し文明的な社会の構築に努め、住民の社区への帰属意識
を高めることなどがあげられている。

　今回調査を行った二つの社区では、若いスタッフが数名勤務し、広報担当や
社区の安全管理などを担当していた。養老担当もそれぞれ1名おり、主に高齢
者へのサービスや貧困世帯への社会保障に関する業務を行っている。

　**表**5-5がヒアリングの回答である。

　社区には具体的な活動計画はないが、社区における活動を街道センターのス
タッフが定期的に視察し、報告会を行っている。社区には養老ステーションや
医療サービスステーションなどが設置されているが、それらの機関との連携
はそれほどないということであった。つまり、福祉ガバナンス体制からみると
縦のつながりはあるものの、横断的なネットワークはほとんどないのがうか
がえる。住民との交流については、ボランティア活動を呼びかけてはいるもの
の、特に積極的に住民に働きかける様子はない。高齢者を対象にした研修やイ

## 表5-5　二つの社区居民委員会のヒアリング結果

| | | 質問内容<br>（PDMの成果） | 西城区J街道<br>F社区居民委員会 | 西城区Y街道<br>S社区居民委員会 |
|---|---|---|---|---|
| 社会的連帯 | 1 | 福祉ガバナンス体制が構築されているか | a．ボランティアに積極的な住民代表と頻繁に会合を開く。ボランティアは党員の人が多い<br>b．地域の活動計画は特にない<br>c．医療サービスステーションとの連携は特にない | aa．街道には定期的報告をし、会合をもつ<br>bb．住民との会合は特にない<br>cc．具体的計画は特にない<br>dd．それぞれの棟に責任者がおり、時々話を聞く |
| | 2 | 地域活動に多くの住民を参加させるためにどんな方法をとっているか | a．ボランティアを呼びかけているが関心ある人は少ない<br>b．委員会は常に開いており、住民はいつでも相談に来られる体制をとっている | aa．特にない<br>bb．情報は掲示板で知らせている<br>cc．子どもが近くにいない独居高齢者が多く、委員会で情報は把握している |
| | 3 | ボランティア活動を活発にするための対策はあるか | a．活動に興味のある人に技術研修（修理）の研修などを実施し、主な対象は若い高齢者<br>b．料理教室など地域の人が興味をもちそうな活動を企画 | aa．特に対策はなく、興味のある人も多くない<br>bb．党が地域に住む党員の積極的参加を呼びかけている |
| | 4 | 地域において課題やニーズを把握、介入する機能はどのようになっているか | a．相談はいつでも受けられる体制にしている<br>b．個別の相談に対する対応をしている。例えば民間企業に家政婦の紹介など<br>c．独居高齢者の相談は多い<br>d．生活保護の相談もある | aa．独居高齢者などの相談は個別で受けている<br>bb．分譲マンションの家主「業主」による定期的な集まりから問題などがあがってくる<br>cc．地域の問題として特に意識していない |
| | 5 | 障害者や高齢者、貧困世帯、出稼ぎ労働者などの要援護者と住民の結びつきはどうか | a．障害者の課題は個別に対応しており、地域で取り組むことは特にない<br>b．近隣同士の助け合いはある<br>c．流動人口の管理はしている | aa．障害者のいる家は家政婦さんか専門のスタッフを雇っている。特に住民との関係はない<br>bb．近所づきあいはそれなりにある |

| | | | | |
|---|---|---|---|---|
| 社会的エンパワーメント | 6 | 地域のマネジメントはどのように行われているか | a．街道から定期的に指導がある<br>b．活動のモニタリングは特にないが街道への報告がある | aa．街道との定期的な会合、報告がある<br>bb．活動の指標などは特にない |
| | 7 | 住民の主体形成機能が強化されるような活動は実施しているか | a．居民委員会のメンバーとボランティアが集まり会合は定期的に開いている<br>b．住民が中心になっての懇談会のようなものは特にない<br>c．元気な高齢者に対する文化活動などは活発 | aa．元気な高齢者のバス旅行などのイベントはある<br>bb．住民中心の懇談会などはない<br>cc．若い世代との交流はあまりない |
| | 8 | CSW が地域において住民のエンパワーメントを促す役割を果たしているか | a．CSW は1名、高齢者関連のサービスの調整などを担当している<br>b．CSW は定期的に高齢者の家庭訪問をしている<br>c．高齢者などに携帯電話などの使い方指導 | aa．CSW はいない<br>bb．住民のエンパワーメントという考え方はない。住民が抱える課題に対応することが重要 |
| | 9 | 地域の状況が広報を通じて住民に理解されているか | a．情報提供は掲示板やスマホの微信（Wechat）<br>b．ほとんどが電子化<br>c．地域の状況を理解してもらう必要があるのか疑問 | aa．情報提供は掲示板やスマホの微信（Wechat）<br>bb．特に必要性を感じない |
| | 10 | まちの資源を活かしたまちづくりが行われているか | a．地域にある公園には皆よく集まり運動をしている<br>b．踊り愛好家などは自分たちで時間を決めて活動している<br>c．地域の社会資源など意識したことがない | aa．団地の広場で健康運動などをする人もいる<br>bb．地域の社会資源は少ない<br>cc．社区にある民間サービスを個別に活用している |
| 社会的包摂 | 11 | 個別支援か地域支援につながり課題解決の仕組みができているか | a．個別問題は個別に対応している<br>b．地域の環境問題など住民から相談を受けることがある | aa．個別問題は個別に対応している |

出所：ヒアリング調査結果を基に著者作成。

ベントを実施しているが、参加者は限られており、若い高齢者はあまり感心を示さないという。共産党組織が退職した党員に地域活動への参加を呼びかけているというが、動員する以外参加はほとんどみられないのが実情である。課題やニーズについては、あくまでも個人的なものであるという意識が強く、居民委員会の窓口で受けた個別の相談を民間サービス等につなぐことで解決をはかっており、地域でその課題が共有されることはほとんどない。それは障害者や貧困家庭、出稼ぎ労働者などの支援を必要とする人たちに対しても同様であり、特に地域全体で解決策を探るという考え方はない。

　マネジメントの観点からみると、街道センターに対して定期的な活動報告や会合はあるが、活動計画や指標のようなものは特に設定されていない。会合では実績の報告と共に問題点についても議論をするということであるが、主に管理体制についての課題が多いという。活動や課題に関する住民への説明や情報共有はほとんどない。住民の主体形成については、ボランティアメンバーとの会合は定期的に開かれ、特定のメンバーの主体性は高いという。元気な高齢者を対象にしたバス旅行や文化活動などはあるが、全住民を対象にした懇談会などはなく、その理由は若い世代は忙しく時間も関心もないということであった。ソーシャルワーカーは一つの社区では配置されており、おもに高齢者関連のサービス調整などを担当しており、家庭訪問も行うという。全住民を対象とした活動は特に展開していない。社区に関する情報は全て SNS を通じて発信され、ほとんどの人が問題なく情報を受けられるため、その他の手段は特に設けておらず、また地域の状況に関する情報の発信は必要ないということであった。地域資源に関してはあまり意識をしたことがないという回答であり、住民それぞれが個別に社会資源を活用して活動を行っており、居民委員会が率先して社区の資源との連携をもちかけるなどの活動は行っていない。

　SQ の社会的連帯の視点からみると、社区と街道の連携、社区居民委員会と特定のボランティアの連携はみられたが、例えば、社区のステーションや衛生サービスセンターなどの機関との連携体制は構築されているとはいえない。居民委員会は多忙な業務のなか、数名のスタッフしかおらず、周囲への積極的な呼びかけや働きかけは物理的にみても難しい状況である。地域の課題に関しても、受け身的な態度であり、課題の発掘を自ら行うのは困難な状況である。

次に、社会的エンパワーメントに関しては、住民の主体形成や住民自治を意識した取り組みはほとんど行われておらず、そもそもその必要性を認識していない。

課題への対応方法は、街道センターと同様に、個別課題はそれぞれ個別に対応しており、住民のサポートや地域課題として情報を共有したり、議論したりする必要はないという考え方が強い。住民が必要とする生活上のサービスは、社区にある民間企業が政府のサポートを得ながら廉価で提供しているものもあり、居民委員会も基本的には市場に委ねている。民間企業から提供されるサービスの質に対する監督はなく、どちらかというと規律違反がないか管理するという役割を果たしているのが現状である。

## 2-3 社区養老サービスステーション

北京市では、社区における養老サービスステーションの建設は 2016 年から政府により強力に推進されており、2020 年までに市内で 1,000 カ所のステーションを建設する計画である。ステーションでは、基本的にはデイケア、家庭訪問、食事の提供、健康指導、文化的活動、メンタルケアの 6 種類のサービスを提供するとしているが、ステーションの規模やスタッフの数によりサービス内容は一律ではない。2019 年末には北京市老齢産業協会が、「社区在宅養老総合サービスプラットフォーム」[1] の建設により地域が一体となり高齢者にサービスを提供することの必要性を打ち出した。そのなかで、まさにこのステーションが中心となり、高齢者のさまざまなニーズを吸い上げ、プラットフォームを活用して必要なサービスを届ける仕組みづくりを進めなければならないとしている。住民に直接サービスを提供するステーションの果たす役割に対する期待は大きい。

今回は、4 カ所の養老ステーションに対しヒアリング調査を実施し、**表 5-6**、**表 5-7** の二つに分けて回答を説明する。

社区ステーションの他機関との連携体制をみてみると、定期的に街道センターや社区居民委員会からの指導や訪問を受けているところもあれば、情報共有などが限られており交流が充分ではないところも多い。横のつながりでは、

## 表5-6　S1、S2のヒアリング結果

| | | 質問内容<br>（PDMの成果） | S1. 西城区Y街道<br>S社区養老ステーション | S2. 西城区Y街道<br>Q社区養老ステーション |
|---|---|---|---|---|
| 社会的連帯 | 1 | 福祉ガバナンス体制が構築されているか | a. 月に1、2回街道センターからの指導があり、特に安全面などをチェック<br>b. 居民委員会や衛生センターなどとの連携はあまりない<br>c. 住民を巻き込んだ会合などはない | aa. 定期的に社区居民委員会や街道センターからの指導がある<br>bb. 具体的な計画はないが、必要と思うサービス項目は上層機関に伝えている<br>cc. 社区の衛生センターとの連携はない<br>dd. 一般住民との交流はない |
| | 2 | 地域活動に多くの住民を参加させるためにどんな方法をとっているか | a. 多くの高齢者に来てもらうために、健康に留意した食事を廉価で提供している<br>b. 元々漢方薬を扱う会社なので、健康食品を広く紹介している<br>c. 政府からの補助金を得ることを優先、一般住民むけの活動はできない<br>d. 微信で毎回の食事の情報を発信している | aa. 情報発信は微信で写真付き<br>bb. 食事提供は室内と露天と2カ所で実施。一般の人も購入できるようにしている<br>cc. 一般住民と高齢者を一緒にするような活動の企画はない<br>dd. 一般住民むけの取り組みはとても限られたスタッフで対応は難しい |
| | 3 | ボランティア活動を活発にするための対策はあるか | a. 元気な高齢者にボランティア活動に参加してもらうために「時間銀行」を実施する計画 | aa. 「時間銀行」を計画中<br>bb. 畑栽培に地域の人も参加できるようにしている |
| | 4 | 地域において課題やニーズを把握、介入する機能はどのようになっているか | a. ステーションに通う高齢者から情報を得る<br>b. 住宅の棟の責任者などから話を聞く | aa. ステーションに通う高齢者から情報を得たり相談をうける<br>bb. スタッフが少ないため積極的な介入は難しい |
| | 5 | 障害者や高齢者、貧困世帯、出稼ぎ労働者などの要援護者と住民の結びつきはどうか | a. ボランティア活動が活発になればつながりもできるが、現段階ではまだ実施してないためつながりもほとんどない<br>b. 認知症はサポートできないため受け入れていない | aa. もともと同じ「単位」で働いていた高齢者。互いに知り合いで結びつきはある<br>bb. 障害者の実態はあまり把握していない<br>cc. 認知症患者に対し特別なサポートはしていない |

| | | | |
|---|---|---|---|
| 社会的エンパワーメント | 6 地域のマネジメントはどのように行われているか | a．特に計画はないが、街道からの指導のなかで評価がある<br>b．モニタリングは特にない<br>c．住民の満足度はアンケートで定期的に実施しており、満足度は高い | aa．定期的に街道や社区居民委員会から指導や評価がある<br>bb．サービスへの評価はないが、住民の満足度のアンケートは実施している |
| | 7 住民の主体形成機能が強化されるような活動は実施しているか | a．特にしていない（それは社区の仕事ではないか？）<br>b．元気な高齢者の就労の機会はほとんどない<br>c．娯楽グループごとに住民同士の集まりはある | aa．特にしていない<br>bb．もとの「単位」の仕事仲間でイベントを企画している（旅行など）<br>cc．畑作業の好きな高齢者が交流する場は提供している |
| | 8 CSWが地域において住民のエンパワーメントを促す役割を果たしているか | a．SWは社区居民委員会にいるのではないか．ボランティアが活発になればエンパワーにもつながる可能性あり<br>b．スタッフの研修の機会は街道から提供されるが少ない | aa．高齢者の生活をサポートするので精一杯。エンパワーメントまではいかない |
| | 9 地域の状況が広報を通じて住民に理解されているか | a．個別の対応のみのため、地域の状況などは特に公開しない<br>b．情報はすべて微信で発信<br>c．介護度が進んでいる人はプライベートなサービスを利用しており、状況を把握していない | aa．情報はすべて微信で発信<br>bb．携帯をもたない人のために、一週間の献立を事前に掲示板でお知らせ<br>cc．地域の状況は個人には直接関係ない |
| | 10 まちの資源を活かしたまちづくりが行われているか | a．この社区に地域資源といっ考え方はない | aa．特にない |
| 社会的包摂 | 11 個別支援が地域支援につながり課題解決の仕組みができているか | a．居民委員会が住民の状況を把握しているが、その情報を提供してもらえず、全高齢者の状況を把握できていない<br>b．認知症の問題は深刻。でも解決する方法がない | aa．支援のレベルにもよるが簡単なサポートであればステーションで個別に対応<br>bb．個別の課題にできる範囲で対応する事が大事。地域支援につなげるという意識はない |

出所：ヒアリング調査結果を基に著者作成。

第2部　中国における福祉コミュニティ形成の可能性——日本との比較を通じて

## 表 5-7　S3、S4 のヒアリング結果

<table>
<tr><th></th><th></th><th>質問内容<br>（PDM の成果）</th><th>S3. 西城区 X 街道<br>T 社区養老ステーション</th><th>S4. 朝陽区 P 街道<br>H 社区養老ステーション</th></tr>
<tr><td rowspan="4">社会的連帯</td><td>1</td><td>福祉ガバナンス体制が構築されているか</td><td>a．区民政局からの定期的指導有<br>b．近くの病院や社区の衛生ステーションとの連携有．特殊な医療用具でデータ共有<br>c．これらの機関が一緒になって会合をもつことはない<br>d．住民との会合などはない<br>e．居民委員会からの情報は重要であるが充分な連携はとれていない。互いに必要な存在</td><td>aa．地域の医師会、糖尿病協会、老年科学研究センターなどと連携<br>bb．行政からの監督や指導はあまり行われていない<br>cc．住民との会合などはない<br>dd．社区居民委員会の幹部がかかわっている</td></tr>
<tr><td>2</td><td>地域活動に多くの住民を参加させるためにどんな方法をとっているか</td><td>a．一般住民は地域のことなどには特に興味関心はない</td><td>aa．元気な高齢者の関心が高い健康を切り口にさまざまな活動を展開している<br>bb．一般の人は関心がない</td></tr>
<tr><td>3</td><td>ボランティア活動を活発にするための対策はあるか</td><td>a．特にない<br>b．元気な高齢者に就業のチャンスはないが、ボランティアにはあまり関心がない</td><td>aa．7 名の居民委員会の幹部がボランティアとして関わっているがそれ以外の人の参加はない<br>bb．特に対策はとっていない</td></tr>
<tr><td>4</td><td>地域において課題やニーズを把握、介入する機能はどのようになっているか</td><td>a．住民の課題やニーズはみていればわかる。第一は医療サービス、二番目は食事、三番目は娯楽<br><br>b．地域で課題を共有する必要性を感じない</td><td>aa．常駐する看護師が個別の課題を把握し対応している．地域全体の情報は完全に把握しきれていない<br><br>bb．会員の家庭にはボタン一つで看護師を呼べるシステムがあり、課題は把握できる</td></tr>
</table>

140

| | | | |
|---|---|---|---|
| | 5 障害者や高齢者、貧困世帯、出稼ぎ労働者などの要援護者と住民の結びつきはどうか | a．障害者は個別の支援を受けている<br>b．認知症患者のサポートは難しく実施できない | aa．障害者は個別の支援を受けている<br>bb．認知症患者のサポートは技術的にできないため受け入れていない |
| 社会的エンパワーメント | 6 地域のマネジメントはどのように行われているか | a．街道の担当が定期的に評価<br>b．在宅介護は2020年5月より開始。サービス内容はシステムで管理し行政に報告。行政が住民に電話し、サービス内容を確認している<br>c．住民の参加はない | aa．モニタリングや評価活動はほとんどない<br>bb．計画や評価指標なども現段階ではない |
| | 7 住民の主体形成機能が強化されるような活動は実施しているか | a．ステーションの仕事は課題を抱える人に対する個別対応<br>b．住民の集団に対しては特に実施しない | aa．サービス対象はステーションに通う会員760世帯。会員の健康が最も重要であり、地域住民はほとんど関係ない |
| | 8 CSWが地域において住民のエンパワーメントを促す役割を果たしているか | a．SWはいない<br>b．スタッフのスキルアップは区政府の研修活動に参加する（管理研修や政策関連が主）<br>c．個人の健康知識の向上や体力の回復を目指すことでエンパワーメントに貢献 | aa．SWはいない<br>bb．看護師が個別の支援を通じてその役割を果たしているが、一般住民が対象ではない |
| | 9 地域の状況が広報を通じて住民に理解されているか | a．情報発信は微信が主<br>b．情報は噂や口コミで広がるため特に広報はしていない | aa．会員には微信でお弁当の配布やイベントなどの情報を提供<br>bb．一般住民を対象に特に情報発信はしていない |
| | 10 まちの資源を活かしたまちづくりが行われているか | a．付近の公園などで体操をする人は多い<br>b．地域資源という考え方があまりない | aa．まちの地域資源という考え方がない |

| 社会的包摂 | 11 個別支援が地域支援につながり課題解決の仕組みができているか | a．個別支援に対応することが重要。特にこれからは在宅介護が中心になる．一人ひとりへのサービスを充分に提供していく<br>b．個別支援は地域支援につなぐ必要はあるのか疑問 | aa．個別の問題はボランティア等には共有され、居民委員会でも共有されているが、その後の対応はよくわからない |

出所：ヒアリング調査結果を基に著者作成。

社区にある衛生ステーションとの連携は1カ所ではみられたが、その他の三つでは充分な連携体制はとれていない。また、それぞれの事業主の経営方針などにより、病院や医師会、専門的な研究センターなどと連携をしながら業務を進めているところもあるが、いずれのステーションも具体的な活動計画を有していない。

　住民との関わり方をみると、サービスを利用する会員や住民との交流はあるが、それ以外の住民との交流はほとんどないという。本来は独居高齢者の家庭訪問なども実施したいが、名簿が社区居民委員会から共有されず、ステーションが主体的に住民との関わりをもつことは難しいと話していたところもあった。いずれのステーションも利用するのは比較的元気な高齢者であり、多くの人は健康づくりに関心が高いため、これを切り口にイベントや健康食品の試食、販売、栄養に留意した食事の提供などを実施し、ステーションの活動への参加を呼びかけている。将来的には、「時間銀行」の取り組みを計画しているところもある。しかしながら、ステーションでの活動はあくまでも高齢者を対象にしたサービスの提供であり、そこにボランティアで関わろうとする一般の住民の姿はほとんどなく、ステーションも積極的な呼びかけはしていない。つまり、ステーションを拠点にした幅広い世代による地域住民の交流はまったく行われていない。

　住民のニーズに関する情報は日常的に交流のある高齢者から得るものがほとんどであり、特に調査やヒアリングにこちらから出向くことはしていない。障害者は個別の支援を受けているため、ステーションが関わることはなく、認知症患者に対しても技術的な問題でサービスが提供できないため受け入れはしていないということである。

マネジメントの視点からみると、活動計画自体が存在しないため、活動を振り返り見直すということもない。定期的に街道センターや居民委員会からの指導があるものの、活動実績の報告にとどまっている。住民の満足度調査を行っている箇所や、サービスが適切かどうか行政が抜き打ちで電話により確認しているところもあり、住民の意見に耳を傾ける姿勢が確認できる箇所もあった。住民の主体形成については、ステーションはあくまでも個別支援を行う場所であり、支援が必要でない、またはステーションを利用しない住民は関係がないという意見がほとんどである。全住民への働きかけは社区居民委員会の仕事であるという認識が強い。医学のバックグラウンドをもったスタッフが常駐しているところはあるが、CSW やソーシャルワーカーを配置しているステーションはない。情報発信は SNS が主であり、食事（朝、昼、晩の 3 食）メニューなどを写真入りで配信するサービスは非常に喜ばれているという。また、ステーションの入り口には常に掲示版があり、そこでも活動の案内をしており、チラシのようなものは特につくっていない。地域の社会資源の活用についてはあまりよく理解されず、自分たちとは関係ないという意見であった。

　SQ の社会的連帯に関してはどうであろうか。街道センターや社区居民委員会から定期的に指導等を受けるという意味では関係性はあるといえるが、ステーションそれぞれが民間企業の特性を活かしたネットワークを形成しているにとどまっているのが現状といえる。ステーションに通う高齢者との関わりは強いが、それ以外の広がりはほとんどなく、住民との関わりも限られたものとなっている。

　次に、エンパワーメントに関しては、ステーションには CSW やソーシャルワーカーもおらず、そのような活動をする余裕もなく、必要性も認識されていない。

　課題への対応方法は、あくまでも個別支援を重視し、そのサービスを丁寧に行っていくことが重要であるという意見であり、それを地域支援につなげるという考え方はほとんどない。

　ヒアリング調査のなかで、どのステーションもステーション経営の困難な状況を話していた。事業を委託された企業は、それぞれの特徴や優位性を活かし採算が合わないながらも何とか運営しているが、中小企業であれば継続は困難

であるという。撤退したくても政府からの期待も大きく撤退はできず、企業の CSR 的な活動になっているのが現状であると説明していた。

## 2-4 街道養老介護センター

　北京市では行政単位である街道区域に養老介護センターを建設する事業が 2014 年から始まり、2017 年の段階で 208 あるうちすでに 192 カ所の建設が終了したとしている（陸 2018：126）。この事業は社区における在宅介護を含めた介護体制を充実させることを目的に始められ、施設介護、在宅介護、社区デイケア、専門的なサポート、技能実習、情報管理の六つの機能を果たすことが期待されている（陸 2018：126）。**表 5-8** は、S 街道の H 養老介護センターのヒアリング結果である。

**表 5-8　S5 に関するヒアリング結果**

<table>
<tr><th colspan="2">質問内容<br>（PDM の成果）</th><th>S5.　西城区 S 街道 H 養老介護センター</th></tr>
<tr><td rowspan="4">社会的連帯</td><td>1　福祉ガバナンス体制が構築されているか</td><td>ａ．区民政局、街道センターや病院、衛生ステーションなどと連携している<br>ｂ．地域の住民などが参加する会合などはない<br>ｃ．施設としての事業計画はある</td></tr>
<tr><td>2　地域活動に多くの住民を参加させるためにどんな方法をとっているか</td><td>ａ．地域のボランティアが時々訪問するが、一般地域住民との交流等はほとんどない<br>ｂ．幼稚園との交流が年に一回程度ある</td></tr>
<tr><td>3　ボランティア活動を活発にするための対策はあるか</td><td>ａ．地域に開かれた場所にしているが、周辺の住民はほとんど来ない<br>ｂ．対策は特にない<br>ｃ．地域のボランティアによるイベントあり</td></tr>
<tr><td>4　地域において課題やニーズを把握、介入する機能はどのようになっているか</td><td>ａ．居民委員会から情報をもらえることもあるが不充分<br>ｂ．在宅介護支援も行っているため、そこからみえてくる課題もある</td></tr>
</table>

144

| | | |
|---|---|---|
| | 5 障害者や高齢者、貧困世帯、出稼ぎ労働者などの要援護者と住民の結びつきはどうか | a. 障害者が個別支援を受けている<br>b. 認知症の対応も行っているため、相談はある<br>c. 要援護者と一般住民の関わりはほとんどない |
| 社会的エンパワーメント | 6 地域のマネジメントはどのように行われているか | a. モニタリングは施設長がみて確認する<br>b. 入居者の満足度をチェックしており、評価は高い |
| | 7 住民の主体形成機能が強化されるような活動は実施しているか | a. 施設でそのような考え方はない<br>b. 居民委員会が行っているのではないか |
| | 8 CSWが地域において住民のエンパワーメントを促す役割を果たしているか | a. 介護スタッフのスキルアップは区政府の研修活動に参加する（管理研修や政策関連が主）<br>b. 住民は自由に習字や絵画などを学べる機会があるが、エンパワーという考え方はない |
| | 9 地域の状況が広報を通じて住民に理解されているか | a. 施設の広報は特に行っていない<br>b. 地域の状況は施設として概ね把握しているため、特に住民に知らせる必要性を感じていない |
| | 10 まちの資源を活かしたまちづくりが行われているか | a. まちの社会資源という考え方がない |
| 社会的包摂 | 11 個別支援が地域支援につながり課題解決の仕組みができくいるか | a. 個別支援を重視して対応している．とにかく施設で死者をださないようにするため、容態のよくない人は特に気をつける<br>b. 高齢者は孤独。精神的な安定と医療サービス、充実した食事サービスが重要。そのためにも屋上に菜園をつくり、気分転換ができるようにしている |

出所：ヒアリング調査結果を基に著者作成。

施設の事業主は国有企業であるためか、行政機関とのつながりは強く、区民政局や街道センター、周囲の病院、社区の衛生ステーションとの連携は行われているが、社区の居民委員会との連携は不充分ということであった。周囲の社区住民が優先的に利用できる施設であり、住民には常にオープンにし、いつでも入れるようにしているという説明であったが、実際は入り口には鉄門が設置され、出入りは厳しく管理されているように感じた。介護が必要な住民の利用はあるが、周囲に住む一般住民との交流はほとんどなく、ボランティアも周辺社区に住む幹部が数名担っている状況であり、その他のボランティアの募集などは特に行っておらず、必要性も感じていない。課題の把握については、在宅支援を通じてみえてくる課題はあるが、積極的に調査などを通じて介入することはない。認知症患者の受け入れは行っており、家族からの相談も多いという。地域に住む要援護者が家族以外の地域の住民と関わることはほとんどなく、全て個別に対応しているということであった。

　事業のモニタリングは施設長が施設内をまわり、細かくチェックし、必要に応じて指導を行うという。施設には事業計画があり、それに基づいて上層部に報告を行っている。地域住民の主体形成が必要という考えはなく、それはあくまでも居民委員会の任務であり施設の仕事ではないという認識である。CSWやソーシャルワーカーは配置していないが、介護スタッフは区政府が開催する研修に参加しスキルアップをはかっている。周辺住民に対しては、施設を開放し娯楽の一環としてさまざまな習い事の機会を提供している。広報活動は特にしておらず、住民に周知するようなことも特にないという。施設長が非常に熱心な方で、高齢者のメンタルケアにも配慮し、屋上に菜園をつくるなど工夫した取り組みが行われている。

　SQ の社会的連帯という視点からみると、施設に入所している人へのケアを充実させるために、病院や民政局などの行政機関と連携し、きめ細かいサービスを提供している様子がうかがえるが、施設としてボランティアの巻き込みや地域住民との交流などはほとんどなく、そのような役割も期待されていない。

　社会的エンパワーメントについては、施設が住民のエンパワーメントに貢献するような位置づけにないという認識である。

　課題解決の仕組みについては、あくまでも個別支援を重視し、そこからみえ

る課題を地域で共有し、地域支援につなげていくという考えはない。

## 第3節　調査結果からみる特徴や課題

　上記のヒアリング調査について、それぞれ4種類の機関の状況を簡単にまとめると**表5-9**のようになる.

**表5-9　各関係機関のヒアリング調査結果の比較表**

| 項目 | 街道センター | 社区居民委員会 | 養老サービスステーション | 養老介護センター |
|---|---|---|---|---|
| 福祉ガバナンス体制の構築 | ・社区居民委員会との連携<br>・住民との関わりはない | ・街道センターとの連携<br>・社区の他の機関との連携はあまりない | ・多機関との連携はあまりない<br>・上層部の指導あり | ・上層部や病院関係との連携はあるが、養老サービスステーションとは連携ない<br>・地域住民との関わりはない |
| 住民参加やボランティア活動に関する取り組み状況 | ・地域活動は社区レベルで対応 | ・共産党幹部が中心<br>・ボランティアの呼びかけ<br>・研修の実施<br>・対策は特になし | ・企業の特性（漢方薬、飲食など）を活かし住民にアピール<br>・時間銀行の計画<br>・対策は特になし | ・共産党幹部を中心とした活動<br>・一般住民との交流はない<br>・対策は特になし |
| 住民の主体形成機能 | ・住民主体での議論はないが、社区では住民の意見を受けつける | ・住民主体を促進する活動はない<br>・娯楽的な活動のみ | ・地域住民は特に意識していない | ・施設でそのような考え方はない |
| 地域のマネジメント状況 | ・定期的な指導、視察<br>・簡単な評価活動あり | ・街道センターからの指導あり<br>・計画などはない<br>・個別相談を受ける体制あり | ・街道センターからの定期的な指導あり<br>・住民の満足度アンケート実施<br>・計画、モニタリングなし | ・モニタリングは施設長が実施<br>・入居者の満足度チェックあり<br>・施設としての事業計画あり |

*147*

| 個別課題への対応方法（住民の関わりを含む） | ・個別課題は専門機関が対応<br>・住民の関わりはない | ・課題に対して基本的に個別対応、住民の関わりはない | ・認知症の高齢者は受け入れられない<br>・課題に対して個別対応、住民の関わりや地域支援はない | ・障害者や認知症への個別支援<br>・住民の関わりはない |
|---|---|---|---|---|
| ソーシャルワーカーの役割 | ・CSW は重要な役割を果たす | ・住民のエンパワーメントという考え方はない | ・SW はいない | ・SW はいない<br>・住民のエンパワーメントという考え方はない |
| 広報手段 | ・スマホを通じた情報提供 | ・スマホを通じた情報提供<br>・広報はない | ・スマホを通じた情報提供<br>・広報はない | ・スマホを通じた情報提供<br>・施設の広報は特にない |
| まちの社会資源の活用 | ・まちの社会資源を意識したことがない | まちの社会資源を意識したことがない | まちの社会資源を意識したことがない | まちの社会資源を意識したことがない |
| 有効的なサービス実施状況 | （具体的サービスは社区レベルで実施） | ・さまざまな娯楽文化活動<br>・料理教室などの活動企画 | ・さまざまな娯楽文化活動<br>・ICT を活用した在宅介護支援<br>・医療機関への健康データ共有による診断可能 | ・さまざまな娯楽文化活動<br>・屋上に菜園をつくり高齢者が楽しむ |

出所：著者作成。

　表5-9から、提供されるサービスの内容については、養老ステーションや介護センターではそれぞれの事業者の得意とする分野を活かしたり、IT を活用するなど工夫した取り組みもみられる一方で、サービス提供体制やマネジメントなどにおいては課題も残されていることが明らかになった。これらの実態について以下にある五つの特徴や課題としてまとめ、それぞれについて説明していく。

　　(1) 介護予防に役立つ多様なサービス
　　(2) ICT システムやオンラインサービスがもたらす利便性
　　(3) ガバナンスの未構築
　　(4) 限られた住民参加のかたち

（5）地域マネジメントの欠如

## 3-1 介護予防に役立つ多様なサービス

　今回ヒアリングを行った養老サービスステーションで提供されるサービスに
はいくつかの特徴がある。まず、食事の提供を通じて、高齢者の状況の確認や
交流の機会をつくっているということである（表5-6の2-a、2-bb参照）。高齢
者のなかには、自分の空の弁当箱を持参し、料理を入れて家にもって帰る人も
いるが、養老ステーションのスタッフは、会話を通じて一人ひとりの健康や精
神的な状況が確認できるという。また、ステーションで食事をしながら他の高
齢者との交流の場があり、その他にもさまざまな興味深い文化活動が用意され
ている。例えば、高齢者むけのヨガや書道、絵画、映画鑑賞、音読教室、栄養
講座、なかには麻雀や将棋を楽しむ人もいる。週1回のペースで開催されるこ
れらの活動へ参加することは、高齢者の精神的な満足感につながり、介護予防、
リハビリとしての役割も果たしているといえる。次に、中国ならではの漢方を
利用したサービスは高齢者に人気があるということであった（表5-6の2- b参
照）。特に、マッサージや鍼灸は有料サービスではある（表5-3参照）が、廉価
で提供されるため足腰を痛めた高齢者には身近で受けられるありがたいサービ
スだという。三つ目に、医療と介護の連携の拠点となっているステーションで
は、高齢者が必要とする医療ニーズにもある程度応えることができていること
があげられる。医者はいないが、あるステーションでは看護師が交替で常駐し、
術後の経過観察や薬の量に関する相談などを受け付けており、必要に応じて病
院への連絡や紹介も行っている（表5-7の4 aa参照）。

## 3-2 ICTシステムやオンラインサービスがもたらす利便性

　中国ではITを活用したさまざまなサービスやビジネスが展開しており、社
区においても例外ではない。まず、社区の養老ステーションと会員をつなぐ
ICTシステムでは、高齢者とステーションがプッシュボタン一つで常に連絡
がとれる状態になっており、高齢者が緊急ボタンを押すと、すぐにステーショ

*149*

ンからスタッフが訪問することが可能である（表5-7の4-bb、図5-4参照）。朝陽区にあるステーションでは、このシステムのおかげで、即座に救急車を呼び、数名の命を救うことができたということであった。また、あるステーションでは、具合の優れない高齢者に特殊なベストを着せ、ベッドに寝かせることで、健康に関するさまざまなデータが直接提携病院に送られ、異常があるかどうか確認できるという非常に先進的なシステムを配備している（表5-7の1-b参照）。

　また、オンライン注文と出前のサービスがもたらす利便性は大きい。最近では日本でもウーバーイーツなどが流行し始めているが、まだまだ普及しているとはいいがたい。中国では宅配サービスが非常に発達しており、特に2020年は新型コロナの影響も受け、一段と成長した業界といえる。一般市民と同様に多くの高齢者も利用しており、わざわざ外に買い物に出かけなくても、オンラインでスーパーマーケットでの買い物も可能であり、購入金額を問わず距離が近ければ30分程度で家まで届けてくれる。このようにITが生活を支える一つの重要な手段となっている。

　IT企業は高齢者を重要な顧客ととらえ、高齢者むけの健康食品や介護用品の販売、また認知症予防のゲームや健康相談など、健康を切り口としたさまざまな商品の開発にも力を入れている。

## 3-3　ガバナンスの未構築

　今回のヒアリング調査から、ガバナンスに関して明らかになったことは以下の3点であるといえる。まず、全ての関係機関が、住民を含めたガバナンス体制を如何に構築するかについて何の方策も計画ももち合せていないということである（表5-4の1-b、1-c、表5-5の1-c、1-bb、表5-6の1-b、1-c、1-cc、1-dd、表5-7の1-c、1-d、1-cc、表5-8の1-bを参照）。政策においては、医療と介護の連携、社会組織との協働、住民の参加などによるガバナンス体制構築の重要性を強調しているが、現場ではそのような認識はあまりなく、実施方法も不明確であり連携体制も充分とはいえない。二つ目は、関係機関が、地域にある社会資源や地域資源との連携という認識がほとんどないということである（表5-4の10-c、表5-5の10-c、表5-6の10-a、表5-7の10-b、10-aa、表5-8の10-aを参照）。本来、

ガバナンスとは地域にある社会資源と連携しながら多元的アクターによる協働体制を構築することであるが、養老サービスのアウトソーシングはあるものの、関係機関の間における情報共有や連携を如何に進めていくかという考え方は弱いといえる。行政機能のコミュニティへの移行はある程度みられるが、それはより管理を徹底させることが目的になっており、社区における協働という考え方は弱いといえる。三つ目は、地域の実情にあった事業計画のようなものが存在しないため、共通認識をもって事業を推進することが難しいという実態である（表5-5の1-b、1-cc、表3-14の1-bb、6-a、表5-7の6-bbを参照）。定期的に実施されるモニタリングは上層部の関係者が個別にそれぞれの施設やステーションを訪問し報告を受ける形が主であり、関係者が一堂に会しての議論などが行われることはない。また、内容について、住民への情報公開なども行われていない。

　一方で、プラスの面といえば、政府による強力な推進事業であるため、安定した管理体制と推進のためのサポートが得られることである。サービスに対し政府から受ける補助の金額が充分ではないという意見はあるものの、継続的な支援は保障されている。また、具体的な事業内容を政府が方針として決めることで、新たに介護業界に参入する民間企業にとっては事業展開がしやすいともいえる。つまり、介護事業の経験が豊富でない事業者でも参入のチャンスが与えられており、ヒアリングにもあったような大きな民間企業であればCSR的な位置づけでの運営を継続している。政府による強い管理体制があるということは、政府がガバナンスの責任をもつためという捉え方もできる。


## 3-4 限られた住民参加

　次に、住民参加の視点から今回の調査結果をみると、以下の3点にまとめられる。まず、住民の地域活動に対する参加率は高くないということである（表5-4の2-e、3-a、表5-7の2-a、2-bb、表5-8の2-aを参照）。今回のヒアリングでは住民へのアンケート調査が実現できず住民の生の声を聞き出すことができなかったため社区居民委員会や養老ステーションの活動をどのように捉えているかは把握できなかったが、参加率が低いことには以下の二つの原因が考えられ

る。原因の一つ目は、現在の社区の活動をみてもほとんどが政府の動員という形で実施されており、これまでの官主体の「公共の仕事は行政が行う」という発想が強く残っていることが考えられる。原因の二つ目は、住民が参加する機会が非常に限られているということである。社区では高齢者むけの文化娯楽活動はあるが、一般住民が気軽に参加できるような活動はあまりない。また、社区において社会組織や団体が存在しない、もしくは活発でないということから活動の機会が限られ、住民もなかなか最初の一歩を踏み出せないという状況が考えられる。一方で、現在のボランティア活動を支えるのは、共産党の幹部や元幹部たちであり、地域活動を積極的に推進する重要なキーパーソンであるといえる（表5-5の1-a、3-bb、表5-7の3-a参照）。責任感が強く、世話好きで、信望も厚いという。社区にはそういう人たちが一定程度存在するというのも中国の特徴といえる。

　住民参加に関する二つ目の特徴は、行政や関係機関が住民の社区における事業への関わり自体に前向きではないということである。ヒアリングからも、住民の意見を求めることや参加に対する期待は高くないことがうかがえる（表5-5の1-bb、表5-6の1-c、表5-7の1-d、1-dd、2-a、6-cを参照）。居民委員会の窓口は常に開きいつでも相談を受けられる体制づくりはしているとアピールしているものの、あくまでも受け身の体制であり、ボランティアの呼びかけを積極的に行うこともない（表5-5の3-aa、表5-7の3-a、3-bb参照）。社区居民委員会や養老サービスステーションのスタッフは日常業務に追われ、ボランティア事業や住民への呼びかけなどを行っている余裕がないという状況もうかがえる。しかしながら、スタッフの意識としても住民参加の必要性をそれほど重視していないという状況は政府の推進する方針と矛盾があるといえる。

　三つ目は、個人の課題に対し、個別に対応することで問題を終結させる傾向にあることから、地域への広がりがなく、情報などが住民へ共有されないため、住民の問題意識も高まらないということである。今回のヒアリングからも、個別支援を地域支援へとつなぐ必要性を意識している機関はまったくない状況であった（表5-5の11、表5-6の11-bb、表5-7の11-b参照）。

### 3-5 地域マネジメントの欠如

養老介護センター以外の機関では、事業計画が存在していない（表5-4の1-d、表5-5の1-b、1-cc、表5-6の1-bb、6-a、表5-7の1-c、1-b、表5-8の1-c 参照）。そもそも、政府の通知によりそれぞれの機関が請け負う内容は決められているため、わざわざ作成する必要はなく、定期的な活動実績は報告し、改善点などは上層機関から指摘されるため、問題ないというのが多くの機関の意見である。事業のモニタリングは系統的に行われるものではなく、単発的に上層機関との間で閉鎖的に行われるため、議論や結果などが関係機関や住民たちに知らされることもない。いくつかの機関では利用する住民に対し、サービス全体に対する評価やどんなサービスを期待するかなどマーク式のアンケート調査を実施している（表5-6の6-c、6-bb 参照）。しかしながら、サービスを利用していない中重度の障害がある高齢者の実態は把握されていない場合も多いが、そのような高齢者はそれぞれが個別に家政婦などを雇い対応しているため問題ないということであった。

おそらく、行政機関である街道センターが評価やモニタリングを比較的定期的に実施しているといえるが、地域それぞれの特徴を把握し、どのような計画に基づき何を目指すかといったマネジメント機能は、それを任務として位置づけている機関や組織は存在しないというのが実態である。

## 第4節　課題に対する考察

それでは、上述にあげたいくつかの課題がどのような原因や理由によりもたらされているのか、また、それによる懸念等について以下五つの観点から考察を行う。これらの背景について理論的、構造的な視点から分析を行うことで、終章の提言へとつなげたいと考える。

(1)「公共性」、「公共価値」の必要性について
(2) 個別支援を地域支援へつなげる必要性について
(3) 計画策定とマネジメントの必要性について
(4) プラットフォームの役割の明確化について

（5）持続可能な事業運営について

## 4-1「公共性」、「公共価値」の醸成必要性について

まず、中国におけるガバナンスの実態をみると、ガバメントからの転換が容易ではないことが理解できる。中央政府の関係省庁の連携がなかなか進まないなか、街道や社区においても横の連携が取りづらいという現状もある。市民の多様化、複雑化するニーズに応えるためにも、社区におけるサービスを民間企業に委託することで社会の責任を担うアクターを増やし、ガバナンス体制を構築したかのようにみえるが、そこには対等な立場で「共治」を担う事業者や住民の姿がみえてこない。社区のステーションの経営が困難な現状と、将来的に高齢化の進行により政府による財政支援が縮小せざると得ないことを考えると、現在の体制で事業を持続発展させることは困難であることが予想される。中国政府もそこを懸念し、経営方法の改善を模索すると共に、近年の政策のなかでは、住民の参加や互助、ボランティアの活躍の重要性などをあげているが、現実との乖離は小さくない。

ガバメントからガバナンスへと転換できない原因は何であろうか。中国がガバナンスを積極的に言及し始めたのは、2016年以降であり、現段階で成熟したガバナンスを期待することはそもそも無理がある。ガバナンスへの移行は、関係するそれぞれのアクターが意識を高め、成長し、信頼関係を構築して初めて実現できるもので、それにはある程度の時間が必要とされる。よって、中国社会の状況が未だ管理の域から脱しきれないのは致し方ない部分もあるだろう。しかしながら、今回のヒアリング調査からも、ガバナンスや社会資源との協働について理解する者はほとんどいなかったことを踏まえると（表5-4の1-b、1-c、10-c、表5-5の1-c、1-bb、10-c、表5-6の1-b、1-c、1-cc、1-dd、10-a、10-aa、表5-7の1-c、1-d、1-cc、10-b、10-aa、表5-8の1-b、10-aなどを参照）、今後順調にガバナンスへと移行させるためには、まずはガバナンスに対する正しい理解とそれがもたらすメリットについて関係者が共有することが求められる。

現在、ガバナンスの実現を阻む要因の一つとして考えられるのは、「公共性」や「公共価値」に関する意識の弱さだといえる。これを住民や行政、社会

全体に浸透させていくためには、以下のいくつかの課題を克服する必要がある。まず、透明性のある情報公開の問題である。そもそも社区が直面する課題などを情報共有しなければ、住民の地域に対する関心も高まらず、よりよい地域づくりのために自分に何ができるかということも考えないだろう。幸い、オンラインサービスやスマートフォンを通じた情報提供が発展しているため（表5-5の9-a、9-b、9-aa、表5-6の9-a、9-aa、表5-7の9-a参照）、きっかけとしてこれらを活用することも考えられる。次に、住民や社会組織に対し、自由な議論の場が充分に与えられていないという課題である。つまり、さまざまなアクターが社区の事業に自由に参加、発言し、交流や議論をする機会が充分ではない。三つ目に、行政によるサービスの限界を民間企業への委託という形で現しながらも、行政機関は長年にわたり社会を統治してきたという権威的な思想から抜け切れていないという問題である。住民や組織はあくまでも管理の対象であり、施しの相手と位置づけているところがあり、また、逆に住民や事業者側もガバナンスは行政のことと捉え、両者の歩み寄りはなかなか困難な状況であるといえる。

## 4-2 個別支援を地域支援へつなげる必要性について

前述の住民参加の部分でも少し触れたが、調査を通じて、個人の課題を関係者間で共有し、地域の課題として捉えるという意識がほとんどないことが明らかになった。その理由には、個人が問題を公にすることに抵抗を感じるということも当然考えられるが、もう一方で、街道センターや居民委員会も個別課題を地域支援に結びつけるという方針はほぼないということが起因している（表5-4の4-c、表5-5の4-cc、11-a、11-aaなどを参照）。本来、個別支援と地域支援は切れ目なく行ったり来たりしながら進んでいくものといわれており、互いをつなぐことにこそ意味がある。また、コミュニティ運動の理論からすると、個別の課題を社会的利害として認識することで初めてコミュニティ意識が生まれるとしている。共に解決策をさぐる議論を通して地域の課題として認識し、協働を通じて解決を目指すという一連の行動は、社区に生活する住民の一体感を高め、愛着や帰属感を強化することにもつながるといえる。しかしながら、今

回ヒアリングを行った社区の関係者でその必要性を回答したものは一人もいなかったのは、なぜであろうか。

　一つは、地域全体の課題を積極的に網羅する支援体制が整備されていないことがあげられる。社区における養老サービスは会員制やステーションまで足を運べる比較的元気な高齢者に限られており、受け身の支援体制といえる。ステーションも限られた予算で地域全体の支援体制の構築は難しい。上意下達で政府からの通知通りに事業を行うことは、地域の特性や事情に応じた支援体制の構築を難しくしている。

　次に、ソーシャルワークの役割が理解されておらず、実践できるスタッフもいないことがあげられる（表5-5の8-aa、表5-6の8-a、表5-7の8-a、8-aaなどを参照）。ソーシャルワークの重要な点は問題自体を解決することにあるのではなく、解決に結びつける方法を地域の住民に理解してもらい、支援体制を構築していくことにある。中国の社区においてはそのような考え方や人材が不足していることがあげられる。ただ、日本でも本格的にコミュニティソーシャルワークという表現でその役割や重要性が改めて注目され始めたのは地域共生社会の考え方が具現化されてきた2015年ぐらいからである。つまり、社会の必要性と政策の転換に呼応する形で改めて認識されたということである。今日の中国の社会においては、その必要性がまだそれほど高く認識されていないということを意味していると思われる。

　三つ目に、これらの活動が例えば社区にある組織の活動の一環として位置づけられると、活動も継続的に行われ、課題に対する共通認識も高められるが、そのような組織が存在しない場合は、住民たちの課題に対する理解も深まらず、地域支援体制の構築には結びつかない。課題に関する情報共有を行ったりサービスについて検討するプラットフォームとなる組織の欠如により、必要性に関する認識が生まれないのである。

　四つ目の原因は、街道や居民委員会の任務の一つに総合監督機能というのがある。個人の課題を地域の課題として捉えることは、管理する側の立場からすると、管理の不届きにより地域問題が発生していると捉えられ、逆にマイナスのイメージを与えかねないという懸念がある。よって、行政はあくまでも個別対応することで問題の解決をはかることを好む傾向にあることが考えられる。

これらの問題は、ガバナンスの課題とも深く関連しており、さまざまなアクターによるガバナンス体制が構築されない状況では、地域支援へと結びつけることは難しい。また、逆の言い方も可能であり、さまざまな組織や住民が地域支援に関わらないと、健全なガバナンス体制の構築は難しい。中国は人口規模が大きいため、なかなか個別課題に丁寧に対応することが難しいという現実問題がある。だからこそ地域支援のネットワークを構築し、それを充分に活用することで住民たちの協力により多くの課題解決が可能となるのではないだろうか。

## 4-3 計画策定とマネジメントの必要性について

三つ目に、社区によって高齢者人口の規模や住民の収入、教育レベル、生活スタイルなどにかなり差がある状況のなか、事業計画がないということは（表5-4 の 1-d、表 5-5 の 1-b、1-cc、表 5-6 の 1-bb、6-a、表 5-7 の 1-c、1-b、表 5-8 の1-c 参照）、地域のニーズに基づいた活動の展開や客観的な評価も難しいことを意味している。また、一つひとつの活動の目的や成果、効果、インパクトなどが不明確となり、進行管理のマネジメントを通じた事業の円滑な推進も難しい。民間企業によるサービスステーションや介護センターの運営は市場を活性化させ、住民のニーズにできるだけ細やかな対応を進めるうえで評価もできるが、関係機関がそれぞれバラバラに事業を展開することで、提供されるサービスの種類の重複や質の相違などの問題も発生する。例えば中重度の障害がある高齢者に充分なサービスが行き届かないことは、サービスとして充分とはいえない。政府の示すサービス内容を履行することは必要であっても、その内容の重みについてはそれぞれの地域で議論され決められるべきであろう。

なぜそれが実現できないのか。一つには、社区全体における課題を総合的に分析、検討する組織がなく、既存の組織でもその重要性を認識している関係機関がないことがあげられる。そして、この計画づくりの過程で、関係機関や社会組織、住民などが参加し、その地域の課題や解決のための対策、活動の目的、解決方法などを共に議論し、共通認識をもつということは、まさにガバナンスや共治にとり重要な意味をもつわけだが、その意味も理解されていない。これ

までの長期にわたる縦割りの上意下達式の政府のやり方により、現場レベルで検討することがあまり求められてこなかったことが起因していると思われる。現在行われているモニタリングも上層部門への報告会と指導が主な内容であり、住民や社会組織の参加がない。住民のニーズに応え、公平性を保ち、公正な事業を推進していくためには、やはりマネジメントのあり方を再考する必要があるのではないだろうか。

これまで述べてきたように、中国ではマネジメントというより、上意下達の管理体制が徹底しているため、例えば、上層部への報告事項が実態を反映した的を射たものであり、適切な評価項目によりモニタリング等が実施されるのであれば、サービスの質や内容も早急に改善される可能性もあるといえよう。

## 4-4 プラットフォームの役割の明確化について

四つ目に、今回のヒアリングにおいて、行政関係者や事業者の地域の社会資源に対する認識が非常に低いことが明らかになった（表5-4の10-c、表5-5の10-c、表5-6の10-a、10-aa、表5-7の10-b、10-aa、表5-8の10-a などを参照）。地域に根ざした社区居民委員会は、地域の状況や家庭の状況などを最もよく理解する組織であるが、社会資源を活用するという考え方が弱い。また、社区にある衛生サービスセンターがホームドクター制のもと、例えば、在宅で介護が必要になる対象者の情報などを把握しているにもかかわらず、それがサービス機関や社会組織に共有されず、フォーマルとインフォーマルの異なる支援の最適な組み合せをコーディネートできていないのはサービス体制として改善の余地が大いにあるといえる。政策においては、本来は養老サービスステーションがプラットフォーム的な役割を果たすとしているが、現状ではその権限は与えられておらず、調整業務の役割も明確ではない。

前述でも触れたが、社会資源との連携を推進するプラットフォームの構築には介護支援専門員やCSWのような専門職の配置が必要だが、現在の社区においてはそのような人材が不足しており、充分な機能を果たせていないことから、住民の多様なニーズや要求に応えるのも難しいという現状がうかがえる。

## 4-5 持続可能な事業運営について

　養老ステーションや介護センターのサービスは政府の補助に頼るところが大きく、事業で利益を出すのは難しい状況である。実際に、2-3で述べたように、養老ステーションのヒアリングから、自分たちの事業は会社のCSR的な活動であり、利益はほとんどないが、撤退することはできないという声が多く聞かれた。そのため、住民の意見を広く聞きいれ多様なニーズに応じたサービスを展開するというよりも、政府により決められた基本的なサービスを廉価で提供するという方向にならざるを得ない。加えて、高齢者の節約傾向が影響し、有料サービスの利用は増えず、企業の商品を購入する高齢者も少なく、事業所の利益はあがらない。結果的にサービスの質や量にも影響を与えるという悪循環が生じていると思われる。実際に現在ステーションで提供されている主なサービスは、食事の提供やリクリエーションであり、比較的元気な高齢者むけの内容に限定されている。介護予防としての一定の役割を果たしていることは評価できるが、現状のままであれば高齢者の間における健康格差の拡大をもたらしかねない。

　政府の補助を活用しながら、多様なニーズに応え、サービスの需要と供給のアンバランスを克服し、事業として持続発展できる仕組みづくりを再考することが求められているといえる。この問題からも、行政と事業者、関係部門による事業計画のすりあわせや協力関係の構築、整合性の取れた計画づくりの重要性が改めて浮き彫りになったといえるのではないだろうか。

## 章のまとめ

　第5章では、北京市で実施したヒアリング調査結果から以下の五つの特徴や課題を導きだし、それらの課題に対し五つの観点から理論的、構造的な分析を行い、原因の追求を試みている。

　五つの特徴や課題：

　　(1) 介護予防に役立つ多様なサービス

（2）ICT システムやオンラインサービスがもたらす利便性
（3）ガバナンスの未構築
（4）限られた住民参加のかたち
（5）地域マネジメントの欠如

五つの観点からの考察：
（1）「公共性」、「公共価値」の必要性について
（2）個別支援を地域支援へつなげる必要性について
（3）計画策定とマネジメントの必要性について
（4）プラットフォームの役割の明確化について
（5）持続可能な事業運営について

　特徴については、社区養老サービスステーションで提供される多様なサービスが介護予防的な役割を果たしている点やICT システムを活用した利便性、政府による強い管理体制による安定した環境など評価する側面もある。一方で、強力な管理体制故にガバナンス体制や住民の共感する意識の醸成が難しいなど、実践のうえで推進を困難にする要因があるという課題も明らかになった。

　これらの課題の原因として、五つの観点から考察を行った。ガバナンス体制が構築されない原因や事業計画が策定されない理由など、中国社区における実践が政策に追いつかないその背景について、一方的な上意下達の方法や中心的役割を果たすプラットフォームの位置づけの曖昧さなどを取りあげている。事業の推進においてこれらの基盤がないと、社区の発展に結びつく効果的な実践は不可能であり、結果として住民の理解や参加も得られないだろう。

　実際は、社区においてこれらの問題が絡み合い問題を複雑にしているわけだが、それを五つの観点から整理することで、終章での提言につながる重要な切り口を提供している。

## ❖ 注

1）中国語では、「社区居家養老総合服務平台」。2019 年に第 1 号ができており、今後北京市にある養老ステーションへと広げ、高齢者に対し近所で受けられるサービス拠点をつくる計画である。医療、介護、生活支援、家の改修、文化活動（旅行なども含む）などのサービスを提供するとしている。

第2部　中国における福祉コミュニティ形成の可能性——日本との比較を通じて

# 第6章

# 日本の地域福祉の取り組み からみる特徴や課題
## ——整備される体制とマンネリ化する住民参加

　前章では、第3章で作成した PDM の項目に基づき中国社区の状況をみてきたが、同様の方法で今度は日本の地域における高齢化対策に関する取り組みについて、文献を通じた分析を行う。

　本章は、ここで明らかになる日本の特徴と第5章で整理された中国の状況について第7章にて対照表としてまとめ、その相違点を明らかにすると同時に、そこから中国への提言につながる視点を導き出すことを目的としている。

## 第1節　調査対象地域の選出方法と地域概要

　調査地域は、全部で3地域を選出し、**表6-1**にあるように、主に各自治体が作成する地域福祉計画と地域福祉活動計画、事業報告書などを検討材料とし、文献調査を通じて実態の把握に努めた。一つ目の地域は、著者の住む静岡県東部にある伊豆の国市である。伊豆の国市は静岡県東部地域のなかでも、地域福祉計画に包括的支援体制の整備に関する事項を位置づけるなど、住民主体や多機関協働に関する内容を重視している地域の一つである。また、著者が別のプロジェクトの関係で何度か市の保健師やソーシャルワーカーと交流する機会があり、そのような機会を通じて状況を比較的よく理解していたことなどが伊豆の国市を取りあげた理由である。二つ目は横浜市である。横浜市は地域包括ケアシステムの整備において、各区に地域ケアプラザ[1]を設立し、そこに地域

162

## 表 6-1　3 地域の参考資料等の一覧

| 対象地域 | 確認資料 |
|---|---|
| **静岡県伊豆の国市**<br>（2020 年）<br>人口 48,279<br>世帯 21,261<br>高齢化率 29.7%<br>外国人人口 649 | ・第 2 次伊豆の国市総合計画<br>・第 2 次伊豆の国市総合計画進行管理票<br>・第 3 次地域福祉計画<br>・第 3 次地域福祉活動計画<br>・高齢者保健福祉計画・第 7 期介護保険事業計画<br>・新市まちづくり計画<br>・高齢者実態調査報告書<br>・令和元年度社会福祉協議会事業報告書・決算書 |
| **神奈川県横浜市**<br>（2020 年）<br>人口 3,749,929<br>世帯 1,713,356<br>高齢化率 24.7%<br>外国人人口 102,255 | ・市地域福祉保健計画<br>・第 2 期「横浜市まち・ひと・しごと創生総合戦略」<br>・区地域福祉保健計画<br>・よこはま笑顔プラン　第 4 期地区地域福祉保健計画<br>・市地域包括ケアシステムの構築にむけた行動指針<br>・青葉区地域福祉保健計画<br>・よこはま地域福祉フォーラム報告書（2020 年 1 月）<br>・個別支援と地域支援の融合Ⅱ<br>・横浜市指定管理者第三者評価制度　横浜市上矢部地域ケアプラザ<br>　評価シート<br>・令和元年度横浜市上矢部地域ケアプラザ PDCA シート<br>・地区社協のてびき<br>・第 1 層生活支援コーディネーター活動事例集 |
| **愛知県岩倉市**<br>（2020 年）<br>人口 45,355<br>世帯 20,252<br>高齢化率 25.3%<br>外国人人口 2,690 | ・第 4 次岩倉市総合計画<br>・第 4 次岩倉市総合計画基本施策評価シート<br>・第 5 次岩倉市総合計画策定に関する市民まちづくり会議結果報告<br>　書（2019）<br>・岩倉市地域福祉計画第 1 期（平成 25 年度〜 29 年度）<br>・岩倉市地域福祉計画第 2 期（2018 年〜 2022 年）<br>・第 5 次総合計画策定に関する市民討議会「キラッ！とまちづくり<br>　原石発掘会議」実施報告書<br>・第 5 次岩倉市総合計画策定に関する団体グループインタビュー調<br>　査結果　団体・分野別<br>・「見守りサポートづくり」構想 No.？ |

出所：著者作成。

活動交流コーディネーターを配置し、地域に暮らす全ての人たちを対象に、住民主体の地域づくりを支援している。特に高齢者の生活支援体制の強化に関する業務を行っており、地域のつながりづくりを重視した取り組みをしている自治体としてモデル的な存在であり、このような理由で横浜市を選択した。また、横浜市には地域福祉保健計画と呼ばれる全体的な計画があり、その下に各区

で策定する地域福祉保健計画があり、これは他地域でいう地域福祉活動計画に相当し、区の社協と区役所が一体的に策定、推進している。三つ目は、愛知県岩倉市である。2018年から始まる第2期地域福祉計画の策定にむけて、2017年に住民むけのアンケート調査の準備や計画策定に際して住民むけのワークショップを開催しており、その策定作業に著者自身が関わった経緯があり、状況を比較的よく理解していることもあり岩倉市を取りあげている。岩倉市では、社協や行政が住民によるワークショップや会合などを積極的に開催し、住民参加型の地域づくりを比較的重視している自治体であるといえる。

## 第2節　事例分析結果

### 2-1　静岡県伊豆の国市の活動について

　伊豆の国市では、第2次総合計画が2017年に策定され、21年までの5年間の予定で実施されている。そして、高齢者保健福祉計画及び介護保険事業計画を一体的に策定し、地域包括システムのさらなる進化と推進を目指し、2018年から3年間の計画で実施している。また、2018年より5カ年の第3次地域福祉計画が実施されており、子育て関係、障害者関係、高齢者関係の3本立てで、伊豆の国市健康増進計画と社協により策定される地域福祉活動計画と連動する形になっている。また、これ以外に、平成16年から伊豆の国市建設計画として、「新市まちづくり計画」を策定しており、令和元年11月に変更を行っている。ここでは、特に高齢者事業に注目し、これらの政策の関連性や内容、また関係機関の連携や住民参加、マネジメントといった観点から活動をみていきたい。**表6-2**は第2章で作成したPDMに基づいて伊豆の国市の状況について述べたものである。

　まず、ガバナンス体制をみてみると、伊豆の国市では地域福祉を推進するにあたり、行政と社協、高齢者介護施設、病院、事業者などと連携体制を構築し、住民のニーズを取り入れながらさまざまなサービスを提供している。また、地域振興や農業関係などの他部署とも連携し、空き店舗の活用や農園づくりなどの農福連携も行っている。

## 表 6-2　伊豆の国市に関する結果

| | | 確認項目<br>（PDM の成果） | 結果 |
|---|---|---|---|
| 社会的連帯 | 1 | 福祉ガバナンス体制が構築されているか | a．民生委員などとの定期的な会合<br>b．アンケート調査による住民の意識やニーズの把握<br>c．地域活動計画などは住民へのアンケート調査などを基に作成、議論はされていない<br>d．農福連携など、他部門との連携や民間企業との連携体制もあるが、地域全体への広がりはまだ弱い<br>e．地域の病院との連携 |
| | 2 | 地域活動に多くの住民を参加させるためにどんな方法をとっているか | a．高齢者へは健康や介護予防を切り口に地域拠点でさまざまな活動を実施し参加を呼びかけている<br>b．高齢者を対象に通いの場や居場所づくり<br>c．商業施設などにも協力を呼びかけ移動販売<br>d．農業など高齢者が親しみやすい活動の機会を提供<br>e．認知症カフェの実施<br>f．ベンチコミュニティ [2] での交流<br>g．地区座談会の実施 |
| | 3 | ボランティア活動を活発にするための対策はあるか | a．チラシなどで参加を呼びかけている<br>b．移動支援の運転ボランティア研修などを実施<br>c．身体機能評価サポーターのボランティアを養成<br>d．ボランティアへの関心は比較的高いが参加率は低い |
| | 4 | 地域において課題やニーズを把握、介入する機能はどのようになっているか | a．住民むけのアンケート調査の実施<br>b．相談センターに相談窓口の設置<br>c．生活支援コーディネーターが個別相談<br>d．イベントに参加する高齢者からの話<br>e．社協職員によるワークショップにおいて課題の検討<br>f．民生委員からの情報<br>g．ケアマネージャーが把握<br>h．地区座談会により地域の課題を明確化<br>i．住民と地域が連携した課題への介入の仕組みは充分とはいえない |
| | 5 | 障害者や高齢者、貧困世帯、外国人などの要援護者と住民の結びつきはどうか | a．認知症カフェで住民との交流の機会はある<br>b．障害者授産施設で製造したパンの販売<br>c．子どもむけ学習支援<br>d．子ども食堂の実施（農福連携でとれた野菜を提供）<br>e．手話教室などを実施<br>f．ベンチコミュニティでの交流 |

| | 6 地域のマネジメントはどのように行われているか | a．計画の策定<br>b．市の総合計画に関する進捗管理票で毎年の指標達成を確認<br>c．地域福祉計画にそった詳細な報告書はない<br>d．計画や進捗管理票はホームページで公開 |
|---|---|---|
| 社会的エンパワーメント | 7 住民の主体形成機能が強化されるような活動は実施しているか | a．買い物支援を生活が不便な地域で行うことで、住民が主体的に活動推進ボランティアを結成<br>b．住民懇談会などはあまり実施されていない<br>c．住民の主体形成に関するセミナーは特にない<br>d．地区座談会の回数を重ねることにより主体性の形成 |
| | 8 CSWが地域において住民のエンパワーメントを促す役割を果たしているか | a．生活支援コーディネーターが地域の課題や住民の状況を理解している<br>b．生活支援コーディネーターや保健師は県主催のセミナーなどに出席し、スキルアップに努めている<br>c．保健師も地域との関わりは深く、専門的な観点から課題を把握している<br>d．ボランティアの育成セミナーなどに関わる |
| | 9 地域の状況が広報を通じて住民に理解されているか | a．歩いて行ける通いの場をマップにし、配布<br>b．活動などは回覧板で情報発信<br>c．市の広報誌<br>d．地域のラジオ局から情報発信<br>e．SNSを通じた情報発信はあまり行われていない |
| | 10 まちの資源を活かしたまちづくりが行われているか | a．地域の商業施設の協力を得ている<br>b．居場所づくりでは商店などと連携<br>c．歴史のある寺院などを活用したイベント開催<br>d．「高齢者の在宅生活を支える社会資源集」の作成と配布 |
| 社会的包摂 | 11 個別支援が地域支援につながり課題解決の仕組みができているか | a．民生委員との情報共有<br>b．地域ケア会議の実施<br>c．見守り隊の活動<br>d．相談体制の構築<br>e．ベンチ交流による自然な見守り<br>f．移動支援、買い物支援など |

出所：著者作成。

　住民参加を促進するために、地区懇談会をいくつかの地域で開き、地域の課題や解決方法などに関する議論を行っている。また、高齢者には関心の高い健康や介護予防を切り口にセミナーや体操などを実施している。ベンチをまちの至る所に設置し、誰でも気軽に交流できる空間を創出するなど工夫した取り組みもある。

ボランティア活動への参加は、特に若い高齢者むけに呼びかけを行っているが参加率は高いとはいえない状況である。高齢者実態調査報告書によると、ボランティア活動に参加していない割合は約72％と高いが、参加したい、または参加してもよいと考えている人は約50％程度おり、やはりきっかけや方法がわからないことが原因と考えられる。

地域の課題やニーズの把握に関しては、座談会やアンケート調査など多様な方法で行われており、生活環境やこれまでの取り組みに対する評価、まちづくりに対する意向を把握している。また、市役所に窓口を一本化した「保健福祉・こども・子育て相談センター」を設置し、年間に6,000件以上の相談を受けているという。社協による健康を切り口とした教室やサロンの開催、居場所づくりなどを通じても相談を受け入れる体制ができているといえる。一方で、住民に最も近い存在である民生委員が一人暮らし世帯の情報などは把握しきれないといった課題もある。

要援護者と住民との結びつきについては、認知症カフェの開催やベンチの設置を通じた交流などにより積極的な試みがなされている。

地域マネジメントに関しては、地域福祉計画の策定にあたり、市民へのアンケートに基づいた計画づくりを行っている。また、社協も関係団体に対しヒアリングを実施し、地域の課題や提案に関し意見を求めている。そのなかで、例えば課題として、地域における交流の減少、つながりの希薄化、特定の人たちの社会的孤立の課題などがあげられており、これらの課題に対し、見守り体制やコミュニティの構築の必要性、住民が地域活動に参加できるきっかけや仕組みづくりの重要性が述べられている。活動の評価やモニタリングに関しては、総合計画の進行管理票を作成し、毎年度達成状況について評価を行っているが、取り組み実績などもごく簡単に記されているだけで、課題に対する分析などは行われていない。また、社協の作成する地域福祉活動計画に関しては、計画自体に指標が設定されていないため、事業報告書も実績を羅列した内容に留まっているのが現状である。

住民の主体形成機能強化に関しては、一部の地域では地区懇談会を数回開催することで住民の意識が高まり、自分たちで課題や解決策を議論するなど、住民自身がエンパワーされつつある地区もあるというが、全体的な広がりはない。

行政に頼る傾向が強い地域も少なくなく、例えば防災などの住民が危機意識をもちやすい分野からアプローチすることで、地域の団結力を高めようとするなど、方法の検討を行っているという。これらの住民のエンパワーメントを目指した活動は、CSWが保健師と協力し行っており、その他にもボランティアの育成のセミナーなども実施している。

　広報には比較的力を入れており、地域の通いの場をマップにして配布し、特に新型コロナ禍においてはSNSを活用し、高齢者むけの体操ビデオを発信するなど工夫もしているが、SNSを通じた若い世代むけの情報発信はあまり積極的に行われているとはいえない。まちの資源の活用に関しては、個人の商店でのサロン開催や、直売所との連携を積極的に進めている。また、有料サービスを提供する地域の事業者の紹介を社会資源集としてまとめ配布している。

　社会的包摂の面からは、一般的に多くの自治体で実施されているように、地域ケア会議などにより個別課題を共有し、地域全体で課題解決にむけた取り組みを積極的に実施する様子がうかがえる。


## 2-2 神奈川県横浜市の活動について

　横浜市は人口370万人の都市であり、地域により課題もさまざまであるため、一律での計画づくりだけでは、課題解決を進めるうえで充分でないとし、小地域単位で、住民自身が課題検討や取り組みをしやすい環境づくりを行っている。

　横浜市では、高齢者に特化した高齢者保健福祉計画・介護保険事業計画として、地域包括ケアシステム構築にむけた行動指針を市レベルと区レベルそれぞれ制定している。そして、地域福祉保健計画と保健医療プラン、健康横浜21、障害者プラン、高齢者居住安定確保計画などの計画と連動、調和をはかりながら実践しており、2014年からは地域福祉活動計画を一体的に策定、実施している。

　横浜市の特徴として、在宅支援サービスを推進するために、全国に先駆けて「在宅支援サービスセンター」という推進主体を設置し、高齢者に限定せず、地域の全ての人たちが利用できるようにさまざまな取り組みを実践してきたことがあげられる。

また、図 6-1 のように、計画のなかで他分野との関係性をわかりやすく示し、地域それぞれの実情にあわせ、優先順位をつけながら課題解決をはかることの重要性を述べている。

例えば、環境や空き家のように一見福祉とはあまり関係ないようにみえる課題でも、実は認知症や引きこもり等の課題を抱えているためにゴミの分別ができないとか、空き家を福祉の活動拠点として再活用するなど、福祉からのアプローチで課題解決につながる場合もある。このように包括的、総合的な視点から計画づくりを進めているのが横浜市の特徴であるともいえる。

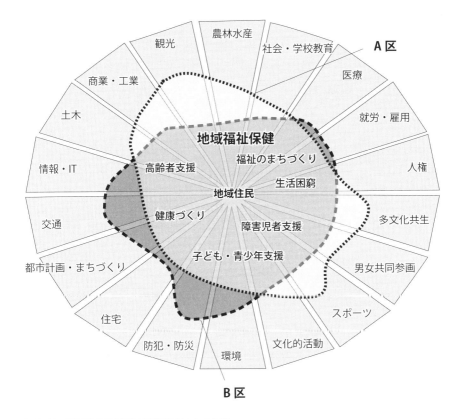

出所：第4期横浜市地域福祉保健計画 14 から抜粋。
**図 6-1　横浜市の地域福祉保健計画と他分野の関係性**

表 6-3 は PDM に基づき横浜市の状況を述べたものである。横浜市は全部で18区あるが、全ての地区の資料をみることはできないため、ここでは、地域福祉保健計画などに関しては青葉区のものを参考にしている。

**表 6-3 横浜市に関する結果**

| | 確認項目<br>（PDM の成果） | 結果 |
|---|---|---|
| 社会連帯 | 1 福祉ガバナンス体制が構築されているか | a．多部署を巻き込んだ計画づくりや実践<br>b．ケアプラザが中心となり、課題解決に必要なさまざまな機関をつなぎ協議や検討を重ねる<br>c．ケアプラザと社協の連携体制構築<br>d．専門機関部会の設置。社会福祉法人や NPO 法人も集まる<br>e．地域支援に関わる多様なメンバーで地域支援チームの編成 |
| | 2 地域活動に多くの住民を参加させるためにどんな方法をとっているか | a．地域ケアプラザにおいてさまざまな企画<br>b．地域活動交流コーディネーターの配置<br>c．地域の祭りを通じた多世代交流<br>d．社協が施設と住民をつなぐ仕組みづくり |
| | 3 ボランティア活動を活発にするための対策はあるか | a．地域の課題を地域に浸透させる（例：食支援への理解）<br>b．ニーズを発信することで、「私にできることで力になれるかも」という協力者が現れる<br>c．「生きがい就労支援スポット」の設置<br>d．社協のホームページでマンガの発信<br>e．ボランティアへの関心は全体的に低い |
| | 4 地域において課題やニーズを把握、介入する機能はどのようになっているか | a．地域ケアプラザには生活支援コーディネーターや保健師、社会福祉士、ケアマネージャーなどが常駐し相談支援<br>b．地域の民生委員の情報→区社協<br>c．ケアプラザに 2 カ所の「ご意見箱」の設置<br>d．住民と地域関係者の連携の仕組みは充分とはいえない |
| | 5 障害者や高齢者、貧困世帯、外国人などの要援護者と住民の結びつきはどうか | a．個別課題を共有し緩やかな見守りを実施<br>b．生活支援コーディネーターの配置により施設と地域をつなぎやすくなる（例：障害者作業所による販売を地域で）<br>c．毎年実施される「福祉祭り」を通じて地域への福祉事業の浸透に努めている |

| | | |
|---|---|---|
| 社会的エンパワーメント | 6　地域のマネジメントはどのように行われているか | a．主な3本の柱とそれを達成するための成果、活動、指標が具体的に設定されている<br>b．住民アンケートやグループインタビューの結果を参考にして地域福祉保健計画の策定<br>c．アウトカムだけでなく、プロセスをみる進捗確認の必要性を感じ、アウトプットを表す活動指標も設定<br>d．ケアプラザPDCAシートを作成し、事業評価を実施<br>e．計画のなかで、目指したい姿とそのために取り組むことを視点ごとにまとめている<br>f．地域福祉保健計画に対し、定期的に進捗確認と評価を実施 |
| | 7　住民の主体形成機能が強化されるような活動は実施しているか | a．地区別支援チームと住民が、多様化する地域課題に対し共に検討する場を設ける<br>b．支え合いマップを住民により作成<br>c．社協により地域活動者養成講座、認知症サポーター養成講座などを実施 |
| | 8　CSWが地域において住民のエンパワーメントを促す役割を果たしているか | a．生活支援コーディネーターが地域に入り込み相談や解決策を一緒に考える機会をつくる<br>b．地域交流や多世代交流の場の提供<br>c．男性ボランティアグループ活動（カフェ）のコーディネート<br>d．地域への出張講座で権利擁護などに関する普及・啓発活動<br>e．「ボランティアグループ立ち上げガイド」を作成 |
| | 9　地域の状況が広報を通じて住民に理解されているか | a．生活支援コーディネーターや地域交流コーディネーターにより地域に周知される<br>b．ケアプラザより多世代にむけた広報誌の発行<br>c．地域の会合や食事会に出向き情報発信や啓発活動<br>d．ホームページにオープンデータポータルを設けて公共データを共有 |
| | 10　まちの資源を活かしたまちづくりが行われているか | a．個別支援を地域資源につなげる際に、さまざまな社会資源を調べ何が利用できるか検討を行っている<br>b．移動販売車の導入に当たり地域のスーパーと連携することで、見守りやつながりを構築、介護予防にも貢献している |
| 社会的包摂 | 11　個別支援が地域支援につながり課題解決の仕組みができているか | a．コミュニティソーシャルフレームワークによる事例検討<br>b．住民に対する福祉教育<br>c．地域ケア会議 |

出所：著者作成。

横浜市では先にも述べたように、地域福祉計画と地域福祉活動計画を一体的に策定、実施している。そして、さらに住民がより身近に感じるように地区ごとの目標設定も行っている。その過程では、地域に配置された生活支援コーディネーターと地域活動交流コーディネーターがつなぎ役になり、関係者を集めてチームをつくり、検討会やグループディスカッションが行われている。社会資源であるさまざまな事業者とも連携構築を模索しており、福祉ガバナンス体制が構築されつつあることがうかがえる。

　住民参加への働きかけもコーディネーターが入ることで住民同士の関心の高まりや、ケアプラザを拠点とした活動も活発に展開されている。しかしながら、2020年に実施した民意調査（無作為に抽出した5,000人を対象、n = 2,627）をみると、「今後の横浜がどのようなまちになるとよいと思うか」という設問に対し、「住民同士の協力や助け合いが盛んである」を選んだのはわずか7%で、19ある全設問のなかで少ない方から3番目という結果であった。隣近所とのつき合いに関しても、「顔もよく知らない」「道で会えば挨拶ぐらいする」と回答した人が全体の64%を占め、「互いに干渉せず、さばさばしていて暮らしやすい」と回答した人が73.1%を占めているという結果がある。これらの結果から、市民のなかには地域でのつながりや関わり合いを必要と感じていない人も多くおり、福祉について関心が高くない層も一定数いることが推測できる。また、2019年に実施された住民の意識調査報告書によると、参加している地域活動が特にないと答える人の割合は、全体で約60%を占めており、このままでよいと考える人も6割半ばいる。とりわけ30代の若者に多いという結果もでている。

　ボランティア活動を活発にするための対策の一つとして、マンガの動画発信をしていることは興味深い。高校生などの若い世代でも理解しやすい内容に仕上がっており、ボランティアを始めるきっかけとなる人もいるかもしれない。運営業務委託による生きがい就労支援スポットの設置を通じて、シニアの豊かなセカンドライフをおくるための相談業務も行っているが、これまで実際にどのくらいの人が利用しているかは明らかになっていない。地域活動に踏み出す一歩のきっかけづくりを支援する、を重点取り組みとして位置づけているが、実際はボランティアに参加する人はなかなか増えないという課題も抱えている。

障害者の地域生活の充実をはかるためには、さらに理解を深めることが求められるとしており、障害者と地域の人が一緒に活動する機会を増やしていく必要があるとしている。

マネジメントにおいて特徴的なのは、現状と課題の把握を丁寧に行っていることである。地区ごとの地域福祉保健計画でも、データやアンケート結果に基づき現状を詳細に分析している。そして、みえてきた課題を乗り越えるべきハードルと捉え、リスト化して介入を行う。方法はさまざまであるが、まずは複雑な課題の詳しい事情を把握しておくことが重要であるとし、一つの課題に対して関係者が集まり制度やルールの見直しも含めて解決策を検討している。また、地域福祉保健計画に対し、中間年度に中間評価、終了後には最終評価を実施し、定量及び定性の両面、三つの視点[3]から総合的な評価を行っている。計画策定については、区の下にある地区レベルでも目指したい姿を明確にし、そのために必要な取り組みについて、住民側と役所などの機関の役割分担を行っていることも特徴的である。日常生活エリアを対象としているため、皆にとって身近に感じられ、地域の社会資源を大いに活用する内容になっている。また、指定管理者第3者評価として、運営委託をしている地域ケアプラザの評価を実施している。

住民の主体性形成については、社協やコーディネーターが中心となり、さまざまな機会をつくり、啓発活動やイベント企画を通じて意識の向上に努めている。また、計画策定のプロセスで、推進会議メンバーに商店街やボランティア、福祉施設なども巻き込み情報共有や連携を強化している。これらの活動の過程で、情報ネットワークの充実化も重視し、多様な媒体を通じて全ての人に情報が届けられるように努めている。

2018年に社協によりまとめられた「個別支援と地域支援の融合」と題した報告書では、個別課題に向き合い地域と共に如何に解決していくかという視点で事例が紹介されており、地域を如何にエンパワーしていくかというヒントを多く提供しているといえる。

## 2-3 愛知県岩倉市の活動について

　岩倉市は全部で30の自治会・町内会があり、それとは別に市を七つの小地域に区分けし、「支会」という推進組織をつくり、地域福祉活動を展開している。

　岩倉市では、2020年度で第4次岩倉市総合計画が終了することを受け、現在第5次の策定を進めている段階である。ホームページでは、策定にむけて全体を議論する7回にわたる会議や部会の審議の様子が詳細に説明されている。そして、総合計画の策定にむけて、市民とさまざまなテーマについて自由に話し合う「市民まちづくり会議」を2019年8月から12月までに6回にわたり開催し、求められる具体的なまちづくりの取り組みや公民連携による協働について住民自身が考え、提案する機会をつくっている。

　地域福祉計画については、岩倉市では2013年より第1期地域福祉計画を策定し、六つの目標（①いつまでも住み続ける、②ゆたかなつながりのある、③共に助け合う、④誰もが主役、⑤自立と共生、⑥共に発展するまちづくり（第2期岩倉市地域福祉計画、p.1））を掲げ、活動を行ってきた。また、推進主体として、「いわくら福祉市民会議」を設け、そのなかにテーマ別の作業部会を立ち上げ、地域課題の解決に取り組んできた。2018年からの第2次計画では、五つの小学校区ごとに抽出された地域課題を解決するために、住民活動計画を策定するという新しい試みを行っている。

　岩倉市はいずれの計画の策定においても「住民主体」を重視しており、実際に多くの機会をつくりワークショップなどの方法を通じて住民が意見を発しやすい環境づくりに努めていることが特徴としてあげられる。**表6-4**はPDMに基づき岩倉市の状況を述べたものである。

　福祉ガバナンス体制では、特に「住民主体」を重視し、アクターに必ず住民を含める体制をつくっている。例えば、地域づくり委員会は、住民と市内の保健・福祉領域の職員によって構成されており、これまでの行政により編成された委員会を見直したものである。また、総合計画策定に関するテーマ別のグループインタビューでは、それぞれの関連機関に加え、ボランティアグループやNPO組織、事業者などもメンバーの一員として議論を行うなど幅広い領域

## 表 6-4 岩倉市に関する結果

| | | 確認項目<br>（PDM の成果） | 結果 |
|---|---|---|---|
| 社会的連帯 | 1 | 福祉ガバナンス体制が構築されているか | a．丸ごと相談室の設置<br>b．あくまでも住民主体を重視し、社協や行政は支援するという立場で活動に介入<br>c．行政と社協による「支援体制共同事務局会議」を編成<br>d．くらしをまもる「いわくらあんしんねっと」と、つながりをつくる「いわくら福祉市民会議」の融合<br>e．「地域づくり委員会」の設置 |
| | 2 | 地域活動に多くの住民を参加させるためにどんな方法をとっているか | a．住民懇談会の実施<br>b．テーマ別の作業部会を設置し、ワークショップ形式で検討<br>c．通学路見守りマップの作成<br>d．生活支援コーディネーターによる情報提供や啓発活動<br>e．市民討論会の実施 |
| | 3 | ボランティア活動を活発にするための対策はあるか | a．ボランティアに関心のある人を対象にボランティア講座開催<br>b．協働まちづくりセミナーの実施<br>c．福祉フェスティバルの開催によるボランティアの啓発 |
| | 4 | 地域において課題やニーズを把握、介入する機能はどのようになっているか | a．アンケート調査<br>b．タウンミーティングの開催を通じて住民の声を市長へ<br>c．テーマ別に作業部会を設置し、住民による議論、討論 |
| | 5 | 障害者や高齢者、貧困世帯、外国人などの要援護者と住民の結びつきはどうか | a．増える外国人との共生のために、中学生の海外派遣や国際交流イベントを通じて相互理解の促進<br>b．防災訓練への参加を外国籍の人に積極的に呼びかけ、地域活動への参加を促す<br>c．認知症地域支援推進員を配置し、地域における支援体制の構築 |
| 社会的エンパワーメント | 6 | 地域のマネジメントトはどのように行われているか | a．住民活動計画はテーマ別にそれぞれ目標、具体的活動内容、具体的行動を明確にしている<br>b．総合計画基本施策評価シートの作成→住民が採点<br>c．地域福祉計画の策定 |
| | 7 | 住民の主体形成機能が強化されるような活動は実施しているか | a．住民懇談会を通じて住民活動計画の策定<br>b．社協や行政はあくまでも住民活動計画を支援するという立場で住民の主体性を尊重 |

| | | |
|---|---|---|
| 社会的エンパワーメント | 8 CSWが地域において住民のエンパワーメントを促す役割を果たしているか | a. 公民連携についてのレクチャー実施<br>b. 生活支援コーディネーターがサロンの立ち上げ等を行い、地域支援を進める<br>c. スマホの使い方相談会の開催 |
| | 9 地域の状況が広報を通じて住民に理解されているか | a. 情報紙かわらばんの発行やホームページ、SNS、映像配信による情報発信<br>b. 広報紙で協働まちづくりコーナーを掲載<br>c. 外国人にわかりやすい生活情報を発信しているというが、ホームページの情報は理解が難しい |
| | 10 まちの資源を活かしたまちづくりが行われているか | a. 地域福祉協力者団体を把握する<br>b. 生活支援コーディネーターや民生・児童委員が協働し、地域課題や社会資源の情報を交換、協議<br>c. 民間企業などとの連携事例はあまりない |
| 社会的包摂 | 11 個別支援が地域支援につながり課題解決の仕組みができているか | a. 民生・児童委員と生活支援コーディネーターの連携<br>b. 認知症地域支援推進員を配置し、個別課題を関係機関につなぎ、連携体制の構築 |

出所：著者作成。

に開かれた討論の場を設けている。

　住民参加については、地域福祉計画の策定過程においても地域ごとに福祉課題に相違があることを考慮し、小地域に分けそれぞれ住民による議論が活発に行われている。このような機会は、地域課題や住民のニーズを把握する貴重な機会となっている。一方で、ボランティアや住民懇談会に参加する人が固定化されていたり、若い人の地域活動への参加が少ないなどの課題もあり、このような人たちをターゲットにした方法を考える必要があることも課題としてあげている。興味深い取り組みとして、「市民討議会」の開催がある。これは、これまで参加する機会が少なかった市民の人たちに参加してもらうことを期待し、無作為で抽出した18歳以上の市民による討議の場として、2回にわたり実施された。2回参加した人には5,000円分のQUOカードが謝礼としてわたされたということである。討議会では、長寿社会、安心・安全なまちづくり、子育て、にぎわいと活力といったテーマに基づきグループディスカッションが行われ、課題とその対策についてまとめられた。この一連の作業は、課題やニーズ

の把握に留まらず、住民の市政への参加の一つの手段でもあるといえる。

　岩倉市は外国人が多く居住する地域もあり、共生のために相互理解のための
イベントや地域活動参加への呼びかけなどを積極的に行っている。

　マネジメントの観点からみると、総合計画に対し最終年度に達成すべき目
標値を設定し、成果指標として毎年実績値を出している。例えば、「市民参加
機会の拡大」に関しては、指標として「市民参加により策定される個別計画の
割合」をあげるなど適切なロジック構成になっているものもあれば、「地域コ
ミュニティの強化」の指標として、「自治リーダー養成講座受講者数」を設定
するなど、指標の内容が必ずしもロジック的に正しくないと思われるものもい
くつか見受けられる。

　前述にもあるが、住民主体を意識した取り組みが多く行われ、住民リーダー
が育成されており、主体性が強化される仕組みがあるといえる。その際に活躍
しているのが、社協の生活支援コーディネーターであったり、若手の市職員で
構成するプロジェクトチームのメンバーであり、地域のファシリテーター役、
つなぎ役として重要な役割を果たしている。

　広報については、特に外国人住民を意識した内容として、国際理解関連の記
事を掲載し、外国人むけには市政情報をわかりやすく提供しているとしている。
しかしながら、ホームページなどをみると、多言語での対応はしているものの、
閲覧可能な政策や方針などはPDFで作成されたものが多く、これらは日本語
のみである。

　個別支援を地域支援につなげる仕組みは、民生委員と生活支援コーディネー
ターの連携や認知症地域支援推進員の配置などがある。また、岩倉市では住民
参加の懇談会などが比較的頻繁に開催されており、身近な課題が自分の地域の
課題として議論されることで、住民を含めた地域支援のための連携体制の構築
が順調に進められる可能性があるといえる。

## 第3節　分析結果からみる特徴と課題

　三つの地域の状況をみてみると、それぞれ地域の事情に応じた特徴ある活動
を行っている。伊豆の国市では、経済産業部等の他部署と連携し、農福連携を

実現するなど、専門を超えた連携を試みている。横浜市では、地域ごとの交流の拠点となる地域ケアプラザが重要な役割を果たしていることや、個別支援と地域支援の融合について効果的な実践方法を細かく分析している。また、計画策定やその評価も詳細に実施しておりマネジメントが比較的行き届いている。岩倉市では、住民主体というポリシーに基づき、常に住民を巻き込んだ取り組みが特徴的といえる。

　ここでは、これらの地域の取り組みの特徴と課題を、下記の五つの視点から横断的にみることで、福祉コミュニティ形成のために日本の自治体がどのような視点に注視し、また如何なる困難を抱えているのか整理を行う。これらの特徴や課題は日本の多くの自治体に共通する内容でもあり、中国の現場においても同じく重要な意味をもつと思われる。五つの視点は以下の内容であり、それぞれ説明をしていく。

　　(1) 多様なアクターによるガバナンス体制の構築
　　(2) 多様な住民参加の機会
　　(3) 地域マネジメントと「場」の設定
　　(4) 個別支援から地域支援へ
　　(5) CSW の活躍


## 3-1　多様なアクターによるガバナンス体制の構築

　その形はさまざまであるが、地域福祉を推進するにあたり、上記の三つのどの自治体においても、行政や社協、事業者などが必要に応じて連携しあうガバナンス体制を築いている。そのなかでも、特に岩倉市においては、住民が議論の場に参加する機会が多く、住民が市の総合計画の採点やそれに対する見直し案を提案するなど（表6-3 の 2-a、2-b、6-b 参照）、ガバナンスにおけるアクターの一員としての役割を果たしている。横浜市では、ガバナンス構築においてプラットフォームとしての機能を果たすのが、地域にあるケアプラザであり（表6-2 の 1-b 参照）、このように連携を推進する中心的機関が存在することが特徴的であるといえる。

　国の政策においても、サービスを一体化し総合的に提供するために、部署間

の連携の促進を奨励しており、そうすることで住民にとり利用しやすいサービスの提供が可能になる。地域福祉計画策定のプロセスにおいて、住民や関係組織などの参加を通じて、多様な意見を積極的に吸い上げることは多くの地域ですでに行われている。しかしながら、実践の段階では、例えば住民の役割が充分に発揮されなかったり、見守り支援などにおいても地域や事業者、企業や関連機関の連携が不充分といった課題も存在していることが評価報告書にあげられている（表6-2の1-d、4-I、表6-3の4-d、表6-4の10-c参照）。実際にアンケート結果などをみても、地域活動に興味関心のある住民の割合は決して高くはない（表6-2の3-d、表6-3の3-e参照）。つまり、多様なアクターの参画するガバナンス体制は構築されつつあるも、それがまだ一部の地域や人に限られており、広がりとしては充分とはいえないという課題があるといえる。

　また、サービスの面からすると医療と介護の連携は地域福祉にとっても重要な課題の一つであるが、ガバナンス体制のなかで病院や医療従事者、保健師などとの連携に言及されることは三つのどの自治体においてもあまりなく、体制として充実したものなのか疑問である。

## 3-2　多様な住民参加の機会

　計画策定やボランティア活動において住民の力は必要不可欠である。まず、三つの自治体の共通点として、住民の意識を向上させるために、啓発活動や養成講座、福祉教育の実施など、さまざまな取り組みが行われている（表6-2の8-d、表6-3の8-d、9-c、11-b、表6-4の8-a参照）。また、多くの人に地域活動に参加してもらうために、健康や防災、子育て、最近では移動支援に必要な運転ボランティアなど参加のきっかけとなるような多様な機会を創出している（表6-2の2-a、2-d、3-b、表6-3の2-a、2-c、表6-4の3-a、3-cなど参照）。しかしながら、伊豆の国市や横浜市の統計にもあるように全体的に地域活動やボランティア活動に参加する人は多くなく、特に男性の高齢者には引きこもりがちになるケースが多いという問題もある（表6-2の3-d、表6-3の3-e参照）。

　一方で、住民によるゆるやかな見守り体制の構築は多くの地域で行われている。また、認知症患者の増加にともない、住民サポーターを増やす取り組みや、

*179*

認知症カフェの実施など、当事者を中心に民生委員や近隣の住民が協力する体制がとられている地域も多くある（表6-2の2-f、5-a、5-d、11-c、表6-3の3-b、7-c、表6-4の2-c、などを参照）。まさに、地域住民を中心としたこのような体制が、セーフティーネットの役割を果たしているといえる。

　また、前述にもあるが、岩倉市の住民活動計画はまさに住民主体で策定された計画であり（表6-4の6-a、7-aを参照）、住民が我が事と捉えてアクションを起こすきっかけでありスタートであるともいえる。住民により描かれた目標や目指すべき姿を如何に実践にうつせるかが重要であり、そのためには、社協や行政による丁寧なサポートも求められる。

## 3-3 地域マネジメントと「場」の設定

　マネジメントで重要といわれる PDCA サイクルの視点からみると、共通点としてどの自治体においても、まずは地域の現状を把握するために、統計調査やアンケート調査により、分析が綿密に行われており、アセスメントに基づいた計画策定が行われている（表6-2の1-b、表6-3の6-b、表6-4の4-a などを参照）。例えば、人口や世帯数の推移や要介護度別認定者数の推移、地域別に分けた現状と課題などが含まれる。そして、計画策定においても、総合計画との整合性への配慮、行政と社協の連携、住民の参加などを通じて現状を反映した包括的な計画策定が行われている。ただし、活動内容が必ずしも目標を達成するために論理的に位置づけられていない等の課題も存在する。例えば、伊豆の国市の社協が作成する事業計画や事業報告をみてみると、計画のロジックや指標の設定など必ずしも成果に結びつかない内容のものもある。また、事業評価に関しては、横浜市では地域福祉保健計画の内容に沿うかたちで、達成度や住民参加のプロセス、協働の状況などの視点から詳細な評価を実施し、課題の取りまとめも行っている（表6-3の6-c参照）。一方で、評価の内容を詳しくみていくと、それぞれの項目に関し、実際に行った活動やイベントの活動記録に留まっている評価が多く、活動を行ったことで何がどう変化したかという内容は少ないのが現状である。

　公共価値を生み出すための「場」の設定が必要であり、これをマネジメント

により充分に機能させることが重要である。特に、ガバナンスにおいては、多様なアクターが対等な関係のもと議論し合い、共感や合意を生み出すことや住民参加の促進の場において、住民の意見を引き出し、住民のアイデアを実現するためのサポートやモチベーションを高めるための仕掛けづくりなど、高いマネジメント力が求められる。上述にもあるが、この活動に力を入れているのが岩倉市であり、住民参加の場のあり方をみると、座談会や市民会議などではテーマごとにグループディスカッションが行われ、参加者が自分の思いを自由に語り合い、地域に対する新たな発見を共有し合い、地域活動参加へのモチベーションアップにつながっている様子がうかがえる（表6-4の2-b、6-a参照）。また、行政の政策に対し評価、提言する場を設けることで、参加者が地域づくりを担う一員であるという意識を高め、同時に地域に対する責任意識の強化につながっている。

## 3-4 個別支援から地域支援へ

　個別課題を地域課題として捉え、地域での支え合いなどを通じて課題解決を目指そうという動きは、ソーシャルワークの重要な役割としても位置づけられており、実際に多くの地域で試みられている。目的はいくつか考えられるが、まず、個別支援を地域支援につなげることで、地域において同じような課題に直面する人たちを一人も見逃さないということがある。個別課題を共有することで、同じような課題を抱える人たちが他にもいることに気づき、ネットワークが広がることで支援の手が届きやすくなる。二つ目は、実際に相互に支え合うことで多くの課題を解決することが可能になる。日常生活のちょっとした困り事は、周囲と課題を共有することで、得られるサポートは実は多くある。そして三つ目は、このような取り組みを通じて、地域の課題解決の基盤づくりにつながり、質の高い個別支援ができるようになる。つまり、個別支援と地域支援は行ったり来たりしながら、目指すべき地域のあり方を住民が共有することを可能にするといえる。

　個人情報保護などの規制があるなかでも、地域における課題解決の仕組みづくりが求められることを受け、上述の三つの自治体のなかでも、特に、横浜市

では、個別支援と地域支援の融合を積極的に進めている。地域の社会資源によるネットワーク形成やつながりづくりなど、ケアプラザが中心となり積極的な働きかけを行い（表6-3の1-b、1-c 参照）、地域で支えることが重要であるという価値観の共有に努めている。また、事業を縦割りではなく、課題に応じてさまざまな部署が関わり合い、分野を超えた幅広いネットワークを形成することで、多様な課題に対応できる体制をつくっており、まさに地域のエンパワーメントにもつながっている。

### 3-5 CSWの活躍

　前述にあるガバナンス、住民参加、そして個別支援と地域支援の融合に欠かせないのが、CSWの存在と活躍である。三つの自治体に共通してみられるのは、生活支援コーディネーターや社協の職員、地域交流コーディネーターなどが、個別の課題やニーズに向き合い、その人が暮らす地域に対しどのようにアプローチすればよいかということを意識し、現場で関係機関との調整、住民との協議などつなぎ役となり活動を展開していることである（表6-2の8-a、表6-3の4-a、5-b、8-a、表6-4の2-d、8-b、11-a などを参照）。大橋の意味するCSWの機能とは、住民の活動を活性化、促進させる触媒機能、かつ行政と住民との協働を安定的に媒介させる機能（宮城ほか2019：30）であり、三つの自治体の取り組みに強弱はあるものの、触媒の役割を果たし、住民の主体性を高める働きをしていることがわかる。

　そのなかでも特に、横浜市の社協では、生活支援コーディネーターの1層と2層の活動の他0.5層、1.5層を設け、エリアをまたいでの取り組みに対応し、いくつかの区で情報や経験の共有、必要な仕組みづくりを広域で行うなど、特徴ある活動を展開している。また、ケアプラザでは、生活支援コーディネーターと地域交流コーディネーターの2名が協力して地域活動の推進にあたるなど、人員体制の整備にも力をいれている。

　一方で、どの地域においてもボランティア活動に参加する人が少ない、または参加する人が限定的である等の問題や、地域活動に興味をもち参加する若い世代があまりいない、などの課題を抱えている。特に一人暮らしや高齢の男性

などが引きこもりがちになるといった課題に対し、効果的な対策がとれていないのが現状である。また、福祉関連部署の連携は比較的取りやすいが、地域振興や環境といった他部署との情報共有や連携はCSWの仕事としては限界があるといった問題もある。

## 第4節　課題に対する考察

　第3節では、日本の取り組みの共通点や特徴、差異などにつき、五つの視点から整理を行った。これらの視点は、どれも福祉コミュニティ形成にとり欠かせない取り組みであり、どの自治体でも積極的に推進している一方で、実現が困難であるといった課題も存在している。ここでは、共通する課題の以下3点につき、その背景や原因、改善にむけて考察を行う。特に、1)、2)の課題は、中国においても今後直面する可能性があるもので、活動が形式的なもので終わらないようにするためにも注意が必要である。
　　（1）求められる住民参加の拡大と質の向上について
　　（2）活動の意義を考慮したマネジメントの必要性について
　　（3）多様な情報伝達方法の必要性について

### 4-1　求められる住民参加の拡大と質の向上について

　繰り返しになるが、住民参加の推進は各自治体で行われているにもかかわらず、その参加率は決して高いとはいえない。また、住民懇談会のような機会に地域課題を皆で議論する場合が多いが、それにも限界がある。例えば、懇談会に参加するのは区長や役員、民生委員といったいつもの顔ぶれであったり、若い世代の参加が少なかったり、最も参加してほしい課題を抱える人たちなどの参加は実現できないなどといった課題が存在する。つまり、住民懇談会を開き地域の課題を話し合ったとしても、参加者は全ての課題を理解しているわけではなく、生活ニーズを抱える人たちの本当の声を拾い上げているとは限らない。住民参加は数と質の両方の問題に気を配る必要がある。
　地域活動も高齢化などにともなう参加者の減少で存続が危うい活動も多い。

その原因は、アンケート調査などによると、高齢により参加が困難になる、若者の地域活動への興味関心の薄れ、男性高齢者の集まれる場所がない、参加する機会がない、参加したい活動がない、などがあげられている。原因に対するさまざまな対応策が求められるが、まずは参加するためのハードルを下げることと、そして参加するためのインセンティブを提供することなどが重要である。

　そもそも、住民参加とは個別支援を地域支援へと広げ、共に暮らす地域社会を目指すという思想を基盤としている。例えば、住民懇談会において普段はあまり表に出てこない住民の生活ニーズや直面する困難などについての情報を共有し、参加者で議論することも一つである。自分たちの暮らす地域で明らかになる新たな発見が新しい活動につながる可能性もある。同時に、地域の社会資源について充分に把握し、その情報を地域支援に活かすためにどのように連携すべきか考えることも必要不可欠である。的確なニーズ把握とそれに基づいた議論をすることで、住民懇談会もより意義深いものになり、さらに多くの人にインセンティブを提供できる可能性があると考える。

## 4-2 活動の意義を考慮したマネジメントの必要性について

　例えば、上述の住民参加のきっかけづくりからプロセス管理、実践へのフォローなどのマネジメント作業は、活動を単なる活動で終わらせず、持続発展の観点から活動の継続を見越した仕掛けづくりも重要である。それには、住民による取り組みを地域にとり欠かせない活動の一つとして位置づけ、活動する意義を明確にすることが必要である。例えば、社協が中心になり行われるサロン活動なども、本来は住民をつなぎ、情報を収集し、啓発活動を実施する重要な活動の一つであるが、事業報告書には、活動が何回行われ、何人参加したかなどが実績として残されているだけであり、本来の活動の意義が充分に評価されていない場合が多い。計画に沿った評価を実施することは、活動の必要性と成果を客観的にみることであり、これらを明確にすることで、参加者自身のモチベーションアップにもつながり、また、他部署へのアピールや連携のきっかけとなる場合もある。マネジメントの意味はただ事業を管理することだけに留まらず、ガバナンス構築の足がかりにもなり得るのである。

## 4-3 多様な情報伝達方法の必要性について

　上述にもあるが、情報を全ての住民へ公平に伝えることは、地域支援や地域活動を実施するうえでの第一歩であると考える。高齢者にはデジタル化に馴染めない人も多くいる一方で、若い世代には回覧板や広報紙といった方法では充分に伝わらない。横浜市などでは、広報誌の内容について SNS を利用して幅広い世代に周知したり、外国人むけに何カ国語かでホームページの説明を行っている。このようにツールとしてはある程度整備されているといえるが、例えば、社協の事業報告書をどれだけの住民が興味関心をもって読むだろうか。地域の地域福祉計画の存在を知る人はどれほどいるだろうか。上述のマネジメントと関連するが、例えば、ただ単に地域福祉計画を説明するのではなく、サロンなどの活動を切り口に、この活動がどういう位置づけのもと実施されているかなどについて丁寧に説明し、同時に地域の現状や活動の必要性などをわかりやすく簡潔に紹介するなど、工夫が求められる。知ってほしい情報を知ってほしい相手に届けるためには、できるだけ多くの切り口からアプローチする方法が有効的であると考える。

## 章のまとめ

　第 6 章では、日本の三つの自治体における文献調査から、以下五つの特徴や課題を導き出し、三つの視点から考察を行った。

　五つの特徴や課題：

　（1）多様なアクターによるガバナンス体制の構築

　（2）多様な住民参加の機会

　（3）地域マネジメントと「場」の設定

　（4）個別支援から地域支援へ

　（5）CSW の活躍

　三つの視点からの考察：

　（1）求められる住民参加の拡大と質の向上について

（2）活動の意義を考慮したマネジメントの必要性について

（3）多様な情報伝達方法の必要性について


　日本の自治体の特徴としては、多職種連携や住民も交えた計画策定など、顔のみえる事業の推進が行われていることや、アセスメントに基づいた計画づくりなど、マネジメント力も比較的強いといえる。また、地域での支え合い活動がますます求められるという社会環境的な必要性もあり、個別支援を地域支援へと結びつける動きが進められている。そして、これらの活動のファシリテート、調整機能を果たすCSWの活躍も地域活動推進には欠かせないものになっていることなどをあげている。このような取り組みは長年の経験と模索を経て現在の方法に至ったといえ、今後も社会の必要性に応じる形で新たな活動が展開されていくことが予想される。

　課題に対する考察として取り上げた三つの点は、どれも住民参加に関連する内容であり、地域における社会的孤立の問題が顕在化する日本の課題の深刻さを物語っている。住民参加はただ単に人数が増えればよいというわけではなく、その質的向上が求められる。それには充分な情報共有と当事者を交えた議論の場があり、住民へのインセンティブの提供や内在化のプロセスによる意識の醸成が必要になる。また、マネジメントについては、単なる事業管理に留まらず、活動に意義を与える客観的な成果のみせ方も視野に入れた取り組みが求められるとしている。そして、これらの情報をできるだけ多くの人に伝えるためのツール開発も課題としてあげている。

# ❖ 注

1）高齢者、子ども、障害のある人など誰もが地域で安心して暮らせるよう、身近な福祉・保健の拠点としてさまざまな取り組みを行う交流の場で、横浜市独自の施設である。令和2年4月現在、市内に140カ所ある。

2）まちの事業者などの協力団体の店先など、至る所にベンチを設置し、住民が交流しやすい触れあいの空間をつくっている。

3）三つの視点として以下のA、B、Cの内容をあげている（第3期　横浜市地域福祉保健計画よこはま笑顔プラン　最終評価）。A：支援策の充実を評価する視点（タスクゴール）として、計画に位置づけた支援策はどの程度行われたか、生活の質の向上につながる取り組みや仕組みはできたか、課題解決にむけた取り組みはどの程度達成できたか。B：住民参加のプロセスを評価する視点（プロセスゴール）として、計画／策定推進において住民や地域が主体的に取り組めたか、住民や地域が主体的に取り組むために働きかけができたか。C：関係機関・民間企業等との連携についての視点（パートナーシップゴール）として、関係機関・民間企業・市民活動団体等と公的機関が連携して取り組めたか。

第2部　中国における福祉コミュニティ形成の可能性──日本との比較を通じて

**第7章**

# 中国の福祉コミュニティ形成の可能性と日本からの示唆
## ──萌芽を育てるために必要なプラットフォームづくり

　果たして中国社区において福祉コミュニティ形成の可能性はあるのだろうか。これまでのヒアリング調査などで、ガバナンスや住民参加、地域マネジメントといった福祉コミュニティ形成には欠かせない要素が現在の中国社区の取り組みにおいては不充分であることが明らかになっている。このような不充分な点を踏まえ、今後中国が国の政策や高齢化対策に関する方針で示す社区形成や社区における高齢者ケアの体制構築を進め、福祉コミュニティ形成を目指すためには、日本からの示唆としてどのような点があげられるか明らかにし、実現の可能性について論じてみたい。

## 第1節　PDM指標からみる中国と日本の相違点

　第5章、第6章で日本と中国の状況についてPDMの成果の内容を活用し、それぞれ分析を行った。ここでは特にガバナンスと住民参加に焦点を絞り、PDMで設定した指標に対し、それぞれ1から5までの点数をつけ両国の状況をさらに詳しくみていくこととする。評価の点数をつけるにあたり、まず、中国の七つの機関、日本の三つの自治体それぞれについて、ヒアリング結果の表や文献調査の結果の表を参考に点数化することを試みた。そして、それぞれを平均し、日本と中国の評価点数を算出している。中国のヒアリング対象は行政や自治組織、民間が運営するステーションなど、組織の役割自体に相違がある

*188*

ため、当然ながら同レベルで比較することはできないが、あくまでも社区の全体的な実態を捉えるために点数化を行うこととする。

ここでは、日本の優位性などを議論することが目的ではなく、特にどのような点が中国への示唆として有用であるか明らかにすることを目的としている。

## 1-1 ガバナンスの視点からみる相違点

PDM のなかでもガバナンスに関連する内容を抜き出し、**表7-1** で示すとおり、中国と日本それぞれの状況についてみていくこととする。

まず、中国と日本の最も大きな相違点として、多様なアクターによるガバナンス体制の構築、つまり、表7-1 の 1-2 にあるように、行政や団体、組織、企業、住民などが共に地域の福祉課題や連携について議論する機会の有無があげられる。日本でもその機能において改善の余地はあるが、少なくとも地域コミュニティ活動に参加する「場」は用意されている。中国にも多くのアクターが存在しているが、参加し得る機会が制度でも保障されておらず、横のネットワークづくりには結びついていないのが現状といえよう。

そして、次に比較的差が大きいのは、4-4 と 11-2 であり、やはり中国では、地域住民を地域支援を支える重要なアクターの一つとして位置づけていない現状がうかがえる。一方で、社区には社区居民委員会の窓口や養老ステーションなど、住民に対して開かれた場所があり、現段階ではこれらの限られた窓口がニーズや課題を把握する重要な役割を果たしている。中国における地域支援体制をみると、関係機関の横のつながりは弱く、その必要性がまだ重視されていない段階であることが考えられる。

日本の特徴として、ガバナンス体制やコミュニティネットワークにおける横のつながりをつくるプラットフォーム的な役割を果たす組織や人員として、地域包括支援センター、社協、CSW、民生委員などがあげられる。これらのアクターを中心にして、住民や地域の団体、企業との協力なしには全ての人が取り残されることのない福祉コミュニティの構築は困難であるという共通認識のもと、ネットワークづくりやニーズキャッチの仕組みがつくられている。中国では、この仲介や媒体を果たす人員やそれをとりまとめる組織の存在がみえて

第2部　中国における福祉コミュニティ形成の可能性──日本との比較を通じて

**表 7-1　ガバナンスに関する中国と日本の評価**

| 成果 | 指標 | 評価<br>（1 低い → 5 高い） ||
| | | 日本 | 中国 |
|---|---|---|---|
| 1　福祉ガバナンス体制が構築される | 1　地域の住民、行政、団体や組織などが参加して定期的に会合が開かれる | 4.3 | 2.4 |
| | 2　地域住民、行政、団体や組織などが中心となり地域の福祉課題などについて議論される | 4.4 | 1.6 |
| | 3　地域住民、行政、団体、組織の話合いにより地域活動計画が立てられる | 3.7 | 1.1 |
| | 4　住民のニーズの内容を踏まえ、行政の新たな事業創設に結びつく | 4.0 | 2.3 |
| | | 16.4/20 | 7.4/20 |
| 4　地域において課題やニーズを把握、介入する機能が強化される（成果11 と関連する内容を含む） | 1　住民からの福祉や地域に関する相談が増える | 4.3 | 3.0 |
| | 2　地域の課題やニーズをキャッチする仕組みが地域においてつくられる | 4.3 | 3.3 |
| | 3　地域の課題に対し、住民と地域関係者との連携の仕組みが構築される | 3.3 | 1.6 |
| | 4　住民むけの簡潔な福祉マニュアルが作成され、住民に配布される | 3.7 | 1.0 |
| | | 15.6/20 | 8.9/20 |
| 11　個別支援が地域支援につながり課題解決の仕組みができる（成果の4と共通の内容を含む） | 1　住民が地域で支援を必要とする人をみつけ関係者につなぐことができる | 3.6 | 2.7 |
| | 2　地域支援の仕組みがつくられる | 4.3 | 1.6 |
| | 3　支援を必要とする人が適切な支援を受けられるようになる | 4.0 | 2.3 |
| | | 11.9/15 | 6.6/15 |

出所：著者作成。

こないという現状がある。

## 1-2　住民参加の視点からみる相違点

　次に住民参加に関してはどうであろうか。ガバナンスと同様に、PDM の住民参加に関連する内容を抜き出し、中国と日本それぞれの状況をみていくと**表7-2** のようになる。

表において差が大きい項目は、7-1 と 7-3 であり、いずれも住民の主体形成機能に関わる内容である。中国には、住民懇談会のようなものや、行政が住民と自由に議論するといった機会はほとんどないため、このような結果になるのは致し方ない。一方で、前述にもあるように、中国には社区居民委員会という窓口があることで、さまざまな相談を気軽にできる環境がつくられていることは住民活動を促進するうえで一つのきっかけとなり得る。自由な議論を行う住民懇談会のようなものは現段階では確認できないが、居民委員会自体は住民組

**表 7-2　住民参加に関する中国と日本の評価**

| 成果 | | 指標 | 評価<br>（1 低い→ 5 高い） | |
|---|---|---|---|---|
| | | | 日本 | 中国 |
| 2 | 地域活動にさまざまな方法で多くの住民が参加する | 1　多様な主体が参加しやすい多種多様な活動や事業がつくられる | 4.0 | 2.3 |
| | | 2　住民が地域活動にアクセスしやすい | 3.3 | 2.9 |
| | | 3　多様な地域活動への参加の方法が示される（募金、場所の提供など） | 4.0 | 2.0 |
| | | 4　地域活動に参加する住民が増える | 2.3 | 2.0 |
| | | | 13.6/20 | 9.2/20 |
| 3 | ボランティア活動が活発になる | 1　ボランティアに参加する住民が増加する | 2.3 | 2.0 |
| | | 2　ボランティア活動について相談しやすい体制がつくられる | 3.3 | 3.3 |
| | | 3　ボランティア活動に応じて研修等が実施される | 3.6 | 2.4 |
| | | 4　ボランティアを受け入れる住民が増加する | 3.0 | 2.1 |
| | | | 12.2/20 | 9.8/20 |
| 7 | 住民の主体形成機能が強化される | 1　住民懇談会などが開催される | 4.3 | 1.4 |
| | | 2　住民懇談会のテーマが住民により決められる | 3.3 | 1.0 |
| | | 3　住民の意志や考えを自由に発言しそれが尊重されている | 4.3 | 1.4 |
| | | 4　主体性を高めるためのセミナーや研修会の内容が理解される | 4.0 | 1.7 |
| | | | 15.9/20 | 5.5/20 |

出所：著者作成。

織であり、住民たちの意見を代弁する機能を果たせるようになれば、住民の主体性の強化にも比較的容易につながる可能性がある。

そもそも日本には地域活動の基盤となる自治会・町内会といったものがあり、地域でのお祭り行事やスポーツ大会、衛生活動等、それぞれ輪番制で係となったものが中心となり活動が行われてきた経緯がある。近年では高齢化の影響でこれらの活動が衰退化しているが、NPOやコミュニティビジネスなどを通じて多様な活動も行われている。

中国と日本の差が比較的小さい項目として、2-4や3-1があるが、これは地域活動に興味をもちボランティア活動に参加する住民がなかなか増えない日本の現状を反映したものといえる。同時に、中国では動員という形であれ、社区の幹部や共産党員などを中心に活動に積極的なキーパーソンが一定程度存在することが、中国のボランティア活動や地域活動を後押しする可能性があることも表しているといえる。


## 1-3 小括

上述にある日本と中国の状況について、まずガバナンスに関する大きな相違点として、多機関による協働体制の構築、つまりガバナンス体制による横のつながりが中国においては非常に弱いということや、住民が地域を支えるガバナンス体制の一員として位置づけられていない、地域支援のネットワークづくりがほとんど意識されていないことなどがあげられる。そして、住民参加に関しては、ガバナンスとも関連するが、住民懇談会などの集まりにおいて住民の意見や考えが議論される機会がほとんどないという点があげられる。これらの課題は、第5章のヒアリング結果からの考察でも確認された内容であるが、今回の点数化を通じて、その実態が改めて確認されたといえる。

一方、日本では、地域活動に参加する住民がなかなか増えないといった課題があるものの、住民を含めた多様なアクターにより協働やネットワークが形成されていたり、住民が地域活動に参加するさまざまな「場」が存在している。

両国のこの相違点を生み出す背景を考えると、日本には地域福祉計画の策定や調整、マネジメントを行う組織、即ちこれらの役割を担うメゾ領域が構造的

に存在するが、中国においてはすっぽり抜け落ちていることが指摘できるのではないだろうか。要するに、国の理念的な政策であるマクロ領域では方向性がある程度明確にされているが、それを実現するためのプログラミングやマネジメントといった機能を担う組織や機関の役割が明確にされていない。

中国には社区居民委員会という住民組織が存在し、住民の意見を吸い上げ社区づくりにつなげる環境が整備されている。つまり、機能さえ果たせれば、このメゾ領域の中心的機関としての役割を果たせる可能性があることを指摘している。

## 第2節　日本の福祉コミュニティ研究や事例分析からの示唆

日本の福祉コミュニティ研究や第6章の日本の事例分析、上述にある詳細な指標の状況を踏まえて、中国が今後社区形成や社区高齢化ケア事業を推進していくうえで、特に必要と思われる以下六つの視点につき示唆としてまとめることとする。

(1) 当事者を含めた全ての住民の参加を目指したコミュニティ設計

(2) 地域のセーフティーネット構築と啓発活動

(3) 多様なアクターによる協働体制の構築

(4) 地域マネジメントにおける「場」の設定と情報の共有

(5) CSWによる調整、ファシリテート機能

(6) 個人の発展と社会の成熟

以下、それぞれにつき説明を行う。

### 2-1　当事者を含めた全ての住民の参加を目指したコミュニティ設計

地域において当事者である要援護者のニーズを拾い上げ、必要な支援を提供することは福祉コミュニティ形成の基礎である。そしてこの実践に使用するツールの一つが地域福祉活動計画であり、事例紹介でもその役割やマネジメント方法などについて説明している（表6-2の1-c、6-d、表6-3の6-aから6-f参照）。住民や地域の社会資源である民間組織、企業などが考える理想的な地域のあり

方を民主的な方法で議論し、それを行政や社協の実際の計画に落とし込み、計画に沿った活動の実施、そして評価という一連の流れに沿った活動を展開していく。日本でも、活動計画の論理性や評価については改善の余地があるが、例えば、アセスメントを行うことで課題の社会的構造が明らかになり、ビジョンを共有することで住民や関係組織、企業などが地域をより身近に感じ、地域活動への興味も高まるだろう。そして、長期的にみれば、計画策定という一つの場とそのプロセスに住民自身が関わることで、自分事としての意識は確実に高まり、個人としての成長や発展へとつながっていくだろう。

住民参加は、まさに「公共性」や「共同性」を形成するための運動であるといえる。さまざまな価値観や行動様式をもった人々がある限定された地域において暮らす時、当然ながら衝突や議論が起こるが、ある程度の時間をかけて話し合いや活動を共にすることで理解や共感が生まれる。動員ではないある種の紆余曲折を経てたどり着いた住民参加の形は、おそらく時間はかかるが地域の諸課題に対し協働して立ち向かう力量を兼ね備えた質の高いものになると考える。

住民参加は日本でも決して順調に展開しているとはいえず、これを教訓として伝えるならば、高齢になる前から日常的に地域との関わりをもつことが重要だということである。現役時代からボランティア活動や社会的企業など、何らかの形で地域とのつながりをもち、楽しさや難しさも含めた現実的な感覚や視点を養っておけば、地域で活躍する素地ができ、定年後の社会参加がスムーズに行われるのではないかと考える。

## 2-2 地域のセーフティーネット構築と啓発活動

地域社会には公的な福祉サービスだけでは対応できない生活課題や複合的な問題、また潜在化しやすい課題が多く存在している。これらの課題をみつけ出し、支援につなぎ、また実際に必要な支援を提供するためには、身近で生活する地域住民の力が必要になる場合がある。この背景には、日本は介護保険があり、さまざまなサービスが保険を利用して受けられるが、近年の法改正により、生活支援の一部は保険適用外となり、互助力などに頼らざるを得ないという事

情がある。事例にもあるように、住民や民生委員などの地域の担当者、NPO などによる見守り活動や声かけ、ちょっとした家事などの助け合いや支え合いなどの互助活動が行われている（表6-2の11、表6-3の10-b、表6-4の5-c、11-b 参照）。これは、いわゆる第一義的なセーフティーネットともいえる。

このような地域におけるセーフティーネットの構築には、住民に対する啓発活動や福祉教育などが必要になる。事例にもあるように、日本の自治体では認知症サポーターを育成するために、必要な基本的知識やサポート方法、権利擁護などに関し、講習や講座などを開催している（表6-2の3-b、3-c、表6-3の7-c、8-d、11-b、表6-4の3-a、3-c、11-b 参照）。

地域のセーフティーネットは当然ながら住民だけの力に頼るわけにはいかない。自治体の担当者や地域包括ケアセンター、生活支援コーディネーターやCSW などが積極的に関わり、情報共有を行いながら、ファシリテート、調整、推進していくことが必要である。

## 2-3　多様なアクターによる協働体制の構築

必要なサービスを提供するうえで、当然ながら行政や専門職である医師、看護師、社会福祉士、ケアマネージャー、CSW などによる連携は重要である。本書はつながりやガバナンス、住民参加に焦点を絞っており、専門的なサービス提供以外の領域における協働体制のあり方を検討してきた。

例えば、日本でも今後のさらなる展開が期待されるところであるが、地域にある商店や企業等の社会資源との連携は行政の財源に制限があるなか地域福祉の推進にとり大きな力になる。伊豆の国市の事例にもあるように、商業施設との連携においては、交通の不便な地域と商業施設を結ぶ移動支援が施設側より無料で提供され、企業にとっても顧客確保につながっている（表6-2の2-c、10-a、11-f 参照）。また、農業分野との連携においては、使われなくなった農地を活用し住民による共同作業で収穫された農作物を子ども食堂などに提供するなど、地域貢献も行っている（表6-2の1-d、5-d 参照）。このように、さまざまな領域において企業やNPO などが双方にとり利益のある Win-Win の関係を築きながら事業展開をすることは、結果的に地域活性化にもつながり、地域が

エンパワーメントされることで、持続的発展も可能となる。

　また、横浜市の事例にもあるが、住民の豊かな生活環境を維持するためには、地域の状況に応じて優先順位をつけながら、関係する他分野が多様なアプローチで課題解決をはかったりアイデアを出し合うことが求められる（表6-3の1）。例えば、環境の問題においては、認知症のためにゴミの分別が理解できないなど、福祉的なアプローチが求められる場合もあれば、地域開発における空き家問題など、福祉の視点から再活用につながり課題が解決される場合もある。このようにさまざまな分野の施策を連携させ、協働体制を築きながら地域課題に対応する姿勢が求められる。

## 2-4 地域マネジメントにおける「場」の設定と情報の共有

　前述したように、計画のマネジメント管理は活動を計画通り実施し必要に応じて見直しを行うなど工程管理の意味でも重要であるが、それ以上にプラットフォームとしてより重要な意味をもつ。日本では、プラットフォームの役割は主に地域包括支援センターや社協などが中心となり、地域活動が展開されることが多い。地域福祉活動計画の策定もそうだが、事例にもあるように、計画について話し合う「場」を設定し、住民が地域におけるさまざまなテーマで議論を行う（表6-2の4-e、4-h、表6-3の6-b、表6-4の2-a、2-b、2-e、6-a、7-a参照）。当然、住民が話し合いを始める前には、地域に関するデータや課題、最新の動向、政策的な方針などの情報が住民に提供される。住民は得られた情報を参考にしながら、自分のもつ情報を交えて議論に参加する。そして、本来は、計画が実施された後にも住民や地域の関係者を交えて、定期的な進捗報告や計画の見直し、立て直しなどがフレキシブルに行われることが理想的である。

　日本でもマネジメントのプロセスの場に住民が積極的に関わる事例はまだ少ないが、ゴールに向かうために何をすべきかについて常にシナリオをできるだけ多くの人で共に描き、共有しながら実践していくことが重要である。

## 2-5 CSW による調整、ファシリテート機能

CSW の仕事は活動の計画策定から実施プロセス、評価における全ての過程において欠かせない。地域で活動する CSW は、個別課題を把握すると同時に、解決に必要なキーパーソンや社会資源、そして地域における解決のボトルネックなどの基本的情報についてよく理解しており、個別の課題と地域の情報を行き来しながら、解決にむけた連携や調整を行政や関係機関に提案し、戦略を立て課題解決にむけた取り組みを行っていく（表6-2の8-a、表6-3の8-a、表6-4の8-b、10-b 参照）。

CSW は地域活動に慣れない住民をファシリテートし、交流を促したり、活動を後押しするなど、住民のモチベーションを如何に形成していくかという点を常に意識しなければならない。それには、住民の活動を客観的に評価し、地域と共有することが必要となる。個人と地域を結びつけ、共にエンパワーメントするための継続的な支援が求められる。

## 2-6 個人の発展と社会の成熟

現在は IT の発展の恩恵を受け、ネット等を通じて物資の調達やコミュニケーションなども可能になったが、私たちの生活は地域を拠点としており、特に高齢者になると地域社会における人のつながりや地域における生きがい、居場所づくりというのは重要な意味をもつ。

第1章第3節の SQ の部分でも説明したが、個人が生活していくなかで、平等に社会・経済的安全保障を享受し、社会的包摂、社会的連帯により社会の一員として承認されることで、個人は役割を発揮し、発展していくことが可能となる。個人の発展と社会の発展は関連しており、ガバナンスにおいても核心的な要素となる。つまり、社会の発展が目指す価値観には個人の尊厳ある生活があり、これがあって初めて個人は社会との相互作用のなかで自分の才能を発揮できる。

このように私たちの暮らす地域社会が誰に対しても平等に開かれ、社会において個人や組織が充分に活躍できる環境や機会がつくられてこそ、エンパワー

メントは実現できるのである。ガバナンスにおいても多くのアクターが参加し、多元的な体制のもとそれぞれが力を発揮することで社会は変化、発展し、社会における諸問題を解決に導く糸口がみえてくる。また、社会における自己調整機能が働き、社会的秩序や社会的排除等の課題への改善にもつながる可能性もある。第1章の福祉コミュニティ形成のプロセスでも取り上げたとおり、個人の発展と社会の成熟は密接に関連しながら発展、向上していくものであり、事業推進においてはこの点に留意することが求められる。

## 2-7 小括

　第2節では、日本の取り組みから中国への示唆として六つの視点をまとめている。どの視点も、日本が変化する社会経済状況に応じて試行錯誤を重ね取り組んできた地域福祉の成果であり、個人と地域コミュニティのエンパワーメントの先にある福祉コミュニティ形成にとり欠かせない内容でもある。これらは、行政だけに頼るのが難しい現状のなか、住民参加のもと地域での協働体制により新たな公共をつくりだし多様なニーズに応えるための活動であるといえる。

　また、活動に参加することが結果として住民自身の生きがいや自己実現という心理的な豊かさをもたらす点にも注目し、個人の成長、発展につながると同時に、それが社会の成熟と深く関連している点もあげている。

　日本の取り組みもまだ道半ばであるが、第2節では、日本が地域の実情に即した計画策定、そして実践するための協働体制の構築、活動を管理するマネジメントといったメゾ領域に関する視点を提供している。

## 第3節　分析からみえる中国の福祉コミュニティ形成の可能性

　第1節で、中国の社区の現状から、メゾの構造が形成されていないことを指摘した。第2節の日本からの示唆についても、ほとんどがメゾ領域に関することであり、中国の課題がこの領域に集中していることがうかがえる。これには、例えば、社区の高齢者ケアに関する活動計画策定やそのマネジメント、関係者

間で行われる協議や住民の合意形成をはかる取り組み、個別課題を地域支援に結びつけるメカニズムの構築などが含まれる。

　それでは、これらの課題は解決できるのであろうか。もしできるとすればどのような解決策が考えられるのか。当然ながら、これらの課題が解決すれば福祉コミュニティ形成が成功するというような短絡的なものではなく、マクロ領域の福祉政策やミクロ領域の具体的サービスにおいても改善点は多くある。しかしながら、政策への影響力やサービスの充実化を期待するならば、やはりこのメゾ領域の果たす役割を再確認し、これをなくしては健全な社区形成は望めないという認識をもつことが必要だろう。

　著者が考える具体的解決策は、このメゾ領域の充実化であり、それを可能にするためには、拠点であるプラットフォームを整備し機能させることであると考える。これは、前節の日本の事例からも導き出された協働によるガバナンス体制やコミュニティ設計の「場」を指す。そうすることで、上述の示唆であげられた内容もより意味のあるものになる。機能させるということは、多様な価値観を受け入れ、住民の意見を尊重し、公共意識を育むことで共治を実現するということである。

　前節で日本の研究や事例分析からの示唆として6点あげたが、実は多くの分野において、中国ではすでに福祉コミュニティ形成の萌芽がみられるのも事実である。例えば、住民参加については、中国には共産党員や元幹部など意識の高いキーパーソンとなる住民が一定数いるということや、動員という方法であれ、まずは住民に最初の一歩の機会を与える推進力がある。また、社区においては民間企業や社会組織の参入など、明らかにアクターが多様化しており協働体制の構築主要メンバーはそろいつつある。居民委員会のスタッフも高学歴化しており、熱意をもった人も多い。また、国の計画ではソーシャルワークサービス機構への支援も強化されることになっており、ソーシャルワーカーの役割もより重視されるだろう。このように、一つひとつをみていくと、それぞれが可能性を有していることがわかる。ただし、問題はこれらの萌芽を長期的な視点にたち正しい方向へ発展させ、その機能を充分に発揮させることができるかどうかである。

　ここでは、プラットフォームの整備を基礎的な条件とし、それを機能させる

*199*

第2部　中国における福祉コミュニティ形成の可能性——日本との比較を通じて

一連の活動を重要な要素と位置づけ、中国における福祉コミュニティ形成の可能性はその質的完成度によることを述べたい。そのためには、終章であげるいくつかの課題を克服する必要があると考える。このような課題が解決されていく過程で徐々に構造的に、機能的に成熟した社区形成へとつながっていく可能性があるといえるのではないだろうか。

## 章のまとめ

　第7章では、まず、ガバナンスと住民参加に関するPDM指標から中国と日本の状況の詳細を比較することで両国の差異を明らかにした。そこからみえるのは、協働体制のあり方や住民の位置づけに関する大きな相違点であり、中国が理想とする社区形成を実現するためには、メゾ領域の充実化が必要不可欠であることが改めて浮き彫りになったといえる。つまり、社区における多様なアクターの連携体制を構築したり、社区の活動計画を策定したり、住民が参加できる場を設けるなど、社区における具体的活動を展開する領域を如何に機能させるかが肝心である。日本からの示唆として取りあげた六つの視点も多くが実践レベルにおいて欠かせない視点である。

　最後に中国の福祉コミュニティ形成の可能性について、中国の実態から多くの萌芽といえるような取り組みがあることを指摘し、基礎的要件としてプラットフォームの整備を通じて充分に機能させることが重要であると結論づけている。プラットフォームとは、社区にある居民委員会を始めとし、社区衛生サービスセンターや養老ステーション、介護センターなどさまざまな組織や団体がそれぞれの特性を発揮しながら対等な立場で協働し、多様なニーズや課題に柔軟に対応することを目指す土台である。具体的提言については終章で説明する。

*200*

# 終　章

# 中国の福祉コミュニティ形成の実現にむけて
──求められる管理方式の転換とボトムアップ体制

　本章では、第7章であげられた以下の六つの視点の示唆を受け、今後中国が福祉コミュニティを形成するために克服すべき課題とその対策について明らかにする。

　(1)　当事者を含めた全ての住民の参加を目指したコミュニティ設計
　(2)　地域のセーフティーネット構築と啓発活動
　(3)　多様なアクターによる協働体制の構築
　(4)　地域マネジメントにおける「場」の設定と情報の共有
　(5)　CSW による調整、ファシリテート機能
　(6)　個人の発展と社会の成熟

## 第1節　2016年からの進展

　ここでは、本書において実施した文献調査やヒアリング調査からみえる実態について、込山が 2016 年に示した社区政策やサービスに関する総括と比較してみる。特に 2011 年以降、中国において急速に進められる高齢化対策を経時的な視点でみることで、中国がどのような分野に力を入れ、当時の課題をどのように解決してきたのか、また逆に変わらない点、より深刻になった課題等について明らかにすることが可能となる。また、第7章であげた六つの示唆との関連もみえてくる。そして、ここで指摘された課題と第5章で明らかになった

課題について考察を行い次節の具体的な提言につなげていくこととする。

込山は中国の社区のサービスを「多元的社区包括サービスシステム」と捉え、日本の「制度保障を中心とした包括的なサービス提供」を目指す「地域包括ケアシステム」（込山 2016：230）との比較を行っている。「多元的社区包括サービスシステム」は、国務院が発出した「社区服務体系建設計画（2011-2015)」における「社会の多様な参画者によるサービスネットワークシステム（中国語では、"社会多元参与的服務網絡及運行機制")」の表現を一部引用したということである（込山 2016：230）。

まず、2016年に込山が行った総括から当時中国ではどのようなことが検討課題であったか、それが現在はどのように変化し、課題として残されているものは何かについてみていくこととする。**表 終 -1** は課題と現状について整理したものである。

まず、生活支援サービスについて市場サービスを主な手段として拡大することによるサービス利用の悪循環（込山 2016：228）の問題である。具体的には、個人のサービス購買力に依拠し制度的な費用補償が行われない場合、結局はサービスが利用されず、そのために経営が苦しくなり、サービスの質の低下をもたらし、それがまた利用率の低下につながるという悪循環である。この点に関しては、北京においては政府が養老ステーションのサービス補塡を行っており、企業も工夫したサービスを展開しているものの、利用率は高いとはいえず、事業者もかろうじてサービスを継続的に提供できているが、経営は非常に苦しいという調査結果が今回のヒアリング調査からも得られている。高齢者はなかなか自費でサービスを利用する習慣がないという問題もあるが、政府からの補助を活用しつつサービスの多様化と質の改善により利用率の向上にむけて取り組む必要があるだろう。

二つ目は、住民活動等も含め多元的な社会資源を機能させるためには、それらを統合し凝集させるための拠点機能が必要である（込山 2016：230）ということである。現在では、当初と比較すると多様な事業者が介護産業に参入しているが、それらが社区において関係する行政機関や居民委員会などと情報共有や業務上連携することはあまりなく、調整機能の働きをもつ拠点、つまりプラットフォーム建設の必要性はこれまで以上に高まっているといえる。プラッ

*202*

終　章　中国の福祉コミュニティ形成の実現にむけて——求められる管理方式の転換とボトムアップ体制

表 終 -1　2016 年に込山の指摘した課題と 2021 年の現状

| | 込山が 2016 年に指摘した課題 | 具体的懸念事項 | 2021 年の現状 |
|---|---|---|---|
| 1 | 市場化によるサービスの質と利用の低下の悪循環 | 利用が低迷、サービスが画一的、ニーズと提供水準のギャップ、購買力の低さ | 利用率・購買力は高くない、行政による補填による低額でのサービス提供、市場導入によりサービスはある程度多様化 |
| 2 | 多元的な社会資源を機能させるための拠点の必要性 | 近隣関係の希薄化、社区内の関係性の脆弱化、市場サービス重視による不安定性 | アクターは多様化しているが、拠点となるプラットフォームは未形成、関係機関の役割が不明確、ニーズの把握やサービスの提供に偏りあり |
| 3 | 体系的なサービス提供の必要性 | 社区サービスステーションと衛生サービスステーションの連携が不充分、有償・無償サービスの組み合わせの必要性 | 連携は不充分、民政部、衛生健康委員会がそれぞれ社区におけるサービス体制の整備を進める、評価体制は未整備 |
| 4 | 制度に裏打ちされた統一的保障の欠如 | 地域による差異、生活支援のレベルが差別的 | 介護保険制度の試験的取り組みにより統一保障の整備を進める |
| 5 | 社区の包摂と排他性 | 排他性に立脚した互酬性、流動人口への排他的扱い、住民意識の希薄化 | 住民自治による自発的な社区活動は弱い、活動は共産党員や退職した幹部が中心 |

出所：著者作成。

トフォームの欠如により個別のニーズの把握や社区としての取り組みへつなげることも困難な状況にある。

　三つ目は、体系的なサービス提供についてである。この点に関しては、今回のヒアリング調査からも、特に認知症や中重度の障害をもつ高齢者などに対し公的サービスが提供されるシステムはまだ未構築であることが明らかになった。包括的なサービス提供体制の構築が急がれる。

　四つ目は、「制度に裏打ちされた統一的な保障」がなく、全国共通の仕組みが構築できていない（込山 2016：228）ということである。これに関しては、現在中国では「長期介護保険制度」の導入にむけて全国規模で試験的取り組みを行っており、財源を確保することで一定レベルのサービス供給が全国規模で

*203*

実施されることを期待するところである。

　五つ目は、社区の排他性により包摂的な取り組みが困難であるという課題である（込山 2016：221）。つまり、中国社会では信頼関係で結ばれていれば凝集力も強いが、そうでない場合は無関心や排除が当然視されることがあることを指摘している。この問題は現在においても住民同士の交流の機会や活動の「場」がほとんどないために相互の信頼関係を築く機会が限られている状況のなか、改善されているとはいいがたい。

　このようにみてみると、5年間のなかで、多くの条例なども発出され、確かに企業の参入やIT技術の導入等によりサービスも多様化しアクセスも便利になった。また、ソーシャルワーカーや介護専門職の人材育成システムの構築などにより、社区におけるサービスは大きな前進もみられたといえる。その反面、拠点機能や体系的サービスシステム構築、社区の包摂に関する取り組みなどは、5年前の指摘と同様に依然として取り組むべき重要な課題であることが指摘できる。

## 第2節　中国の福祉コミュニティ形成にむけての提言

　ここでは、第1節で指摘された5年前と変わらぬ課題や第5章のヒアリング調査で明らかになった課題等を踏まえたうえで、今後中国の福祉コミュニティ形成にとり重要と思われる以下五つの点について解決策の考察を行い、具体的な提言につなげていきたい。

　　（1）プラットフォーム建設による調整・凝集機能の強化
　　（2）計画策定によるマネジメント機能の強化
　　（3）多様な参加の「場」の創出による公共性の醸成
　　（4）個別課題を地域課題としての認識
　　（5）ソーシャルワーカーの役割の明確化

　これらの視点をみていくと、（1）から（3）はメゾ領域に関すること、（4）はメゾからマクロ領域、（5）はミクロからメゾ領域に関することであり、以下それぞれにつき説明していく。

204

## 2-1 プラットフォームの整備による調整・凝集機能の強化

前述にもあるように、ガバナンスを重視した社区建設は中国政府も関心の高いテーマであるが、上意下達や縦割り行政が根づく中国においてはその実現はそう簡単ではない。だからこそ、プラットフォーム建設は意義のあることである。

それでは、社区においてプラットフォームの中心的役割はどの組織が担うべきか。北京市老齢産業協会は社区養老ステーションに置くことを提案しているが、著者は居民委員会と社区衛生サービスセンターの連携という形で、プラットフォームの設立を提案したいと考える。その背景には、社区養老ステーションはさまざまなバックグラウンドをもつ営利企業が参入しており、サービスの統一化が難しいことや、上述の込山の指摘にもあるように、企業によっては経営状況の悪化によりサービスの質の低下や不公平性をもたらす危険性がある。一方で、居民委員会は、本来は住民自治組織であり、全住民を代表すると同時に、行政の下請けのような存在にもなっており、住民に対し公平なサービスを提供する役割を兼ね備えている。また、住民の基礎データを把握しており、必要な情報を提供できる状況にある。社区衛生サービスセンターは、医療と介護の連携の拠点となっており、管轄機関である国家衛生健康委員会のなかに老齢工作委員会が設置されたことにより横の連携体制づくりの責任をもつ。懸念としては、医療に重きを置いたサービスになる可能性があること、民政部の管轄である社区養老サービスステーションとの連携が難しいことも予想される。

プラットフォームの建設は、財源の問題と関係してくる可能性もあり、例えば、医療保険を財源とするのか、介護保険を徴収して介護サービスを展開していくのかにもよる。いずれにしても、政府の強力な推進力を後押しに調整業務を行うことが必要となるであろう。

また、プラットフォーム設立において、居民委員会の位置づけや役割を明確化することも必要である。居民委員会は住民の情報や地域の事情を最もよく理解する住民組織であり、この特徴を活かした業務を重点的に実施できるよう、街道と業務内容に関する調整も求められる。居民委員会には住民相談の窓口が設置されており、ある意味ワンストップ対応の体制がすでに形成されつつある

という利点を有する。また、近年のスタッフは知識や学歴も高く、熱意をもった人も多くなってきている。これらの人たちが中心となり、社区衛生サービスセンターなどとの連携を進めながら、地域全体の情報収集機能、社会資源とのコーディネート機能、住民のファシリテート機能などをもつことで、プラットフォームとしての役割の一部を担えるのではないかと考える。

## 2-2 計画策定によるマネジメント機能の強化

　また、プラットフォームが中心となり、その地域の計画策定を行うことは、社区福祉を推進するうえでいくつかの利点がある。まず、社区において住民からのさまざまな要求があるなかで、限られた財源や社会資源、マンパワーにおいて優先順位をつけて施策や事業を計画的に実施できることにある。当面対応できない課題に対しても時系列的な計画を打ち出すことで住民の理解も得やすくなるだろう。公私協力関係の安定化、役割分担をはかる合意形成の方法の一つでもある。

　次に、決められた評価基準に基づいた評価やモニタリングを実施することで、客観的な評価が可能となり、対外的にも公表できる根拠になる。目標や原因を明確にすることで、事業の見直しがなされ、効率的な活動実施につながるということである。

　三つ目に、住民への説明責任や協働体制を築く一つのきっかけになることがあげられる。住民の自治活動も計画のなかに位置づけられることで活動の目標が明確になり、行政側も警戒心をもつことなく支援することが可能になるのではないだろうか。

　ヒアリング調査では、行政の上層部門むけに定期的なモニタリング報告会などが実施されていることが明らかになっている。このような報告会で、例えば、どのような活動が行われ、それらが如何に評価され、今後どのように改善していくのかについて、住民や関係機関等にも公開し、同時に参加者の意見も求めてみるのはどうであろうか。まさにこれが次の提案にある「場」の提供であり、このような機会を積み重ねることで参加する住民たちの地域に対する関心や課題に対する認識も深まり、地域活動への参加意識も少しずつ変化していく可能

性がある。

## 2-3 多様な参加の「場」の創出による公共性の醸成

　政治的な要因により住民はなかなか自由な活動への参加が難しい状況ではあるが、国の政策にもあるように、住民による自治を実現することで、社区の自己調整機能を高めるということを目指すのであれば、政府も住民参加を前向きな姿勢でサポートする努力が求められる。コミュニティへの帰属意識や愛着は主体的な意思に基づき活動に参加し、貢献することで生きがいや満足感が生み出され、自己効力感、そして内発的発展へとつながることは2章で説明したとおりである。このプロセスに到達するには最初のきっかけである「参加する場」ができるだけ多く用意されることが必要となる。住民を動員することは最初のきっかけを与えることになり、それが何らかの意識変容をもたらす可能性もあるが、動員を続けることは、活動の形骸化を招き、参加する人たちのモチベーションが継続しない恐れがある。先述した例えば社区におけるモニタリング報告会等への参加は、住民の地域への興味関心を高める絶好のチャンスといえる。

　そして、活動への参加を重ねることで、公共性が育まれる。公共性とは皆が同じ意見であり意見の違う人を排除するということではない。地域の問題を共有し、地域や自分たちの公正のために議論し、よりよい地域づくりのために意見を出し合うことである。この協議と調整のプロセスを経て公共性は形成され、「共治」を進める第一歩となる。

　住民自治の中心となる社区居民委員会は、住民の組織活動をより活発化させ、住民の意見を政府に届ける仲介役としての役割も期待される。時には、政府にとって批判的な声もあって当然である。住民の多様な声を恐れるのではなく、よりよい地域を共につくるために必要なプロセスとして受け止める必要がある。第2章で紹介した岡村の考えによると、自由な発言が許されて初めて相互理解が深まり、最終的に住民自身の価値意識に変革をもたらすことが可能になるのである。

## 2-4 個別課題を地域課題としての認識

　第５章のヒアリング結果で説明したとおり、中国では個別の問題を地域に共有する必要性がほとんど意識されていない。しかしながら、高齢化対策の政策において社区の果たす役割が期待されているということは、社区において互助機能を強化させ、関係機関が連携をとることで課題解決をはかるという狙いがあるはずである。地域には似たような個別課題が多く存在しており、課題を共有することで支援のネットワークを形成し、体系的なサービス提供により効率的に解決をはかることが可能となる。

　実際に中国の社区には多様なアクターが存在するようになってきており、必要な社会資源は整備されつつある。あとはこれを如何につなぎ、連携させ、社区にセーフティーネットワークを張り巡らせることができるかが課題である。

　中国のように、人口規模の大きい地域においては、このような方法は有効的であると考える。例えば、設立されたプラットフォームが中心となり、住民や企業なども含めた多機関による集まりのなかで課題に関する情報を共有し、地域での支援につなげていく。特に、一人暮らしの高齢者や認知症を患う高齢者の増加にともない、社区全体の対応力の向上が求められるであろう。


## 2-5 ソーシャルワーカーの役割の明確化

　住民のファシリテートや組織化、個別課題の対応や関係機関への共有など日本の事例紹介にてCSWの役割について紹介したが、地域活動には欠かせない存在である。上述の政策にもあるように、中国ではソーシャルワークサービス機構の支援を進める計画であり、ソーシャルワーカーが地域住民に対する啓発活動を積極的に行うことも期待されているといえる。しかしながら、その役割の曖昧さや社会における認知度が低いといった課題があり、調査からも明らかになったように社区レベルではそれほど多く配置されていない。

　住民の相談窓口機関の役割も果たす居民委員会やプラットフォームには必ずソーシャルワーカーを配置する必要がある。そして、社区における連携機能、調整機能、ファシリテート機能などの触媒、媒介としての役割を果たせるよう

に組織のなかに明確に位置づけることが重要である。

　ヒアリング調査結果にもあるように、政府はさまざまな研修の機会をつくり、居民委員会やステーションのスタッフ等の育成に努めている。すでに配置されている関係機関のスタッフにまずはソーシャルワーカーの役割や重要性等について周知させていくことも一つの方法である。

## 第3節　中国の福祉コミュニティ形成の実現への道

　中国も日本と同様に社会保障費の増大により財政的な逼迫は今後より深刻な問題となることが予想される。このように、財政的な支援が充分に期待できないなか、社区が果たす役割に多大な期待が寄せられている。日本では、近年、地域福祉の推進や地域共生社会の形成において、地域づくりやまちづくりといった視点も取り入れて実施することが重要であるとされているが、中国においても、まさに社区建設と社区における高齢者ケアにむけた地域づくりは一体的に行われるべきであろう。つまり、どのような社区づくりを目指すのか、その理念や皆の目指す方向性を共有し、そのなかで高齢者ケアに必要なネットワークづくりや住民互助のあり方などを検討していくことが求められると考える。

　当然ながら、社区において社会保障という側面から、医療と介護の連携等を通じて一体となったサービス提供システムの構築やサービスの質の向上を目指すことは重要である。これは、第3章のロジカル・フレームワークで示したプロジェクト目標の2に相当する部分で、「地域のサービスネットワークが充実し、住民のくらしが守られる」の具体的な内容といえる。福祉コミュニティ形成には、くらしを守るためのサービスの充実と、そしてもう一つの目標である、「住民のつながりが強化され、住民の地域問題の解決力が向上する」を実現することが必要である。まさに、高齢化対策を考慮した社区形成そのものを意味するといえる。

　中国が福祉コミュニティの実現をはかるまでには、上述したような萌芽を長期的な視点にたち充分に機能させると同時に、いくつかの問題を克服していかなければならず、道のりはまだ長い。福祉コミュニティは目指すべき成熟した

コミュニティの形であるといえ、それは変化する社会環境のなかで、そこに暮らす全ての人が確固たる意思と自覚をもって絶えず挑戦し追い求めるプロセスそのものである。そこには「思想」が存在し、「運動」が継続し、「文化」が育まれる土壌があり、それが根づく社会がまさに福祉コミュニティであるといえよう。

中国政府は、住民の生活保障に対する責任意識と多様化する住民に対する管理意識を強めており、このような政府の危機意識は大きな推進力となって、例えば、医療と介護の連携システムの構築やIT技術を活用したネットワーク構築など急ピッチで整備が進む可能性は高い。一方で、福祉コミュニティに必要なガバナンス体制の構築や住民参加を含む社区形成は、公共意識の醸成やソーシャル・キャピタルの蓄積など、成果のみえにくい時間のかかる作業故に軽視されがちであるが、同様に重要なテーマである。

高齢社会への突入を目前にし、社区形成を推進する政府や行政の関係者は、長期的な視点で目指すべき社区のあり方とその実現にむけた取り組み、特に、連携やつながりをつくるための多元的ガバナンス構築と住民参加は社区の発展にとり欠かせない要素であることを今一度認識することが求められる。そのためには、政策で掲げる社区形成の理想と実態の乖離や民意に真摯に向き合い、住民も含めた多くのアクターの参加のもと、自由に議論することから始めなければならないだろう。

## 第4節　本研究の限界

本研究の実施にあたり、残された課題として3点あげる。

まず、本書では住民参加に注目したテーマでありながら、住民へのアンケート調査が実施できなかったという課題がある。中国の街道センターや社区においてヒアリング調査を実施した際に、住民アンケートも依頼したが、新型コロナ感染の時期とも重なり、外国人の施設への出入りが厳しく制限されるなか、実現することができなかった。住民が社区政策や社区における高齢化対策を如何に評価し、社区形成に対しどのような考えをもっているかは非常に興味深く、引き続き機会をまって研究を深めたいと考えている。

二つ目は、第3章で提示したPDMであるが、本来はその地域の実情に基づき、住民や関係者の参加のもと議論を経て策定されるべきものである。ここでは著者が理論から導き出した要素を取り入れて作成したものを示しているが、このPDMの有効性について検証が必要であると考える。

三つ目は、中国におけるビジネスの参入を積極的に推進する取り組みやICTを活用したサービス提供などは日本の高齢化対策や地域づくりにとり有用な情報を提供し、参考になる点もあると考える。今後の研究では、中国から日本への示唆という視点も取り入れていきたい。

今後はこれらの点にも留意し、引き続き自身の研究を深めていければと考えている。

# 参考文献

## ＜日本語・英語＞　アルファベット順

包敏（2010）「中国都市部における社区居民委員会の沿革」『広島国際大学医療福祉学科紀要』7：59-71.

Beck、W., van der Maesen and Alan Walker (1998), *"Social Quality of Europe"*, Bristol, The Policy Press.

Beck、W., van der Maesen, Laurent J.G., Thomese, Fleur, Walker, Alan eds. (2001) *Social Quality: A vision for Europe*, Kluwer Academic Publishers.

地域福祉推進のための評価指標検討・開発委員会（2012）『地域福祉推進の指標について考える報告書』大阪府市町村社会福祉協議会連合会.

地域包括ケア研究会（2016）「地域包括ケアシステムと地域マネジメント」平成 27 年度地域包括ケアシステム構築にむけた制度及びサービスのあり方に関する研究事業報告書，三菱 UFJ リサーチ＆コンサルティング.

地域包括ケア研究会（2017）「地域包括ケア研究会報告書――2040 年にむけた挑戦」平成 28 年度地域包括ケアシステムにむけた制度及びサービスのあり方に関する研究事業，三菱 UFJ リサーチ＆コンサルティング.

地域力検討会（2017）「地域力強化検討会最終とりまとめ――地域共生社会の実現にむけた新しいステージへ」.

独立行政法人国際協力機構（2004）『プロジェクト評価の実践的手法』国際協力出版社.

独立行政法人国際協力機構（2008）「第 4 章　ガバナンス指標の見方」(https://www.jica.go.jp/jica-ri/IFIC_and_JBICI-Studies/jica-ri/publication/archives/jica/field/pdf/200803_aid02_04.pdf　最終閲覧日：2021. 1. 15).

江口伸吾（2010）「現代中国における基層社会の再編と党の役割」『総合政策論叢』第 18 号（島根県立大学）：15-30.

江口伸吾（2018）「現代中国における『協商民主』の展開と国家ガバナンスの再構築」『北東アジア研究』29: 53-69.

福士正博（2009）「社会的質（ソーシャルクオリティ）が問いかけるもの」『東京経大

学会誌』262：161-181.

外務省（2011）「ブータン——国民総幸福量（GNH）を尊重する国」（https://www.mofa.go.jp/mofaj/press/pr/wakaru/topics/vol79/index.html, 最終閲覧日）2019. 5. 2）

広井良典（2013）『人口減少社会という希望——コミュニティ経済の生成と地球倫理』朝日新聞出版.

広井良典（2015）「自治体・地域の幸福度指標への視点」『ガバナンス』166：13-16.

岩倉市（2011）「第 4 次岩倉市総合計画　概要版」.

岩倉市（2018）「第 5 次総合計画策定に関する市民討議会　『キラッ！　とまちづくり原石発掘会議』実施報告書」.

岩倉市社会福祉協議会（2018）「第 2 期岩倉市地域福祉計画」.

岩倉市社会福祉協議会（2018）「市民まちづくり会議結果報告書」.

伊豆の国市（2018）「高齢者保健福祉計画・第 7 期介護保険事業計画」.

伊豆の国市（2018）「新市まちづくり計画（平成 26 年, 令和元年変更）」.

伊豆の国市（2018）「伊豆の国市第 3 次地域福祉計画」.

伊豆の国市（2019）「第 2 次伊豆の国市総合計画進行管理票」.

伊豆の国市（2020）「伊豆の国市高齢者実態調査報告書」.

伊豆の国市社会福祉協議会（2018）「伊豆の国市第 3 次地域福祉活動計画」.

伊豆の国市社会福祉協議会（2019）「事業報告書・決算書」.

金川幸司　編著（2018）『公共ガバナンス論』晃洋書房.

加藤博史（2013）『社会福祉の定義と価値の展開』ミネルヴァ書房.

古賀章一（2007）「中国都市部における社区形成と居民委員会」『創造都市研究　第 3 巻』2：15-32.

込山愛郎（2016）「第 7 章　中国都市部の社区戦略」沈潔・澤田ゆかり編著『ポスト改革期の中国社会保障はどうなるのか　　選別主義から普遍主義への転換のなかで』ミネルヴァ書房：202-234.

厚生労働省（2017）「地域共生社会」の実現にむけて（https://www.mhlw.go.jp/stf/seisakunitsuite/bunya/0000184346.html　最終閲覧日：2019. 10）.

厚生労働省（2019）「厚生年金保険・国民年金事業の概況」(https://www.mhlw.go.jp/content/000706195.pdf#_ga=2.246672580.1101530123.1631600972-694730622.1631600972, 最終閲覧日：2021. 6)

厚生労働省（2020）「市町村地域福祉計画策定状況等の調査結果概要」（https://www.mhlw.go.jp/content/000756707.pdf, 最終閲覧日：2020. 3. 10）.

厚生労働省（2021）「介護報酬の算定構造」（https://www.mhlw.go.jp/content/1230 0000/000728262.pdf, 最終閲覧日：2021. 8. 10）

久我健二郎（2008）「成長と雇用のためのリスボン戦略」『NEDO 海外レポート』1018.（https://www.nedo.go.jp/content/100105348.pdf, 最終閲覧日：2020. 3. 5）

倉持香苗（2012）「1960 年代における生活改良普及事業――社会福祉と社会開発に関する議論の背景」『日本の地域福祉』：29-38.

牧里毎治（2003）『地域福祉論』放送大学教育振興会.

牧里毎治（2017）「地域福祉論の最終講義 - 地域福祉研究の回顧と展望」『Human Welfare　第 9 巻第 1 号』：87-98.

牧里毎治・金川幸司監訳（2017）『コミュニティをエンパワーメントするには何が必要か』ミネルヴァ書房.

松原治郎編（1973）『現代のエスプリ――コミュニティ』至文堂.

源由里子編著（2016）『参加型評価――改善と変革のための評価の実践』晃洋書房.

三浦文夫・右田紀久恵・大橋謙策（2003）『地域福祉の源流と創造』中央法規出版.

宮城孝・菱沼幹男・大橋謙策編（2019）『コミュニティソーシャルワークの新たな展開』中央法規.

野口定久（2016）『人口減少時代の地域福祉』ミネルヴァ書房.

岡本栄一（2003）「地域福祉の考え方の発展」『新版社会福祉士養成講座 7　地域福祉論第 2 版』中央法規出版.

岡村重夫（1974）『地域福祉論』光生館.

奥田道大・和田清美編著（2003）『福祉コミュニティ論』学文社.

小野達也(2008)「ソーシャルクオリティとは何か？――その基礎的検討」『社会問題研究 57』：1-26.

Rossi, Peter H., Lipsey, Mark W., Freeman, Howard E. (2004) *Evaluation: A Systematic Approach, 7th Ed,* Sage Publications.（＝ 2005, 大島巌・平岡公一など監訳『プログラム評価の理論と方法』日本評論社.）

佐藤哲郎（2012）「社会福祉協議会が展開するボランティアセンターの評価方法について」『松本大学研究紀要　10』（松本大学）：105-118.

杉岡直人（2020）『まちづくりの福祉社会学』中央法規出版.

Taylor, Marilyn（2011）Public Policy in The Community, 2nd Ed, Palgrave.（＝ 2017, 牧武川正吾（2006）『地域福祉の主流化――福祉国家と市民社会Ⅲ』法律文化社.）

東京都社会福祉協議会「福祉コミュニティ構想」研究委員会編（1991）「福祉コミュニ

ティを拓く――大都市における福祉コミュニティの現実と構想」.

戸政佳昭（2000）「ガバナンス概念についての整理と検討」『Graduate School of Policy and Management』（同志社大学）：307-326.

内山智尋（2018）「地域住民は地域包括ケアにおけるサービス供給者になり得るのか」『Int'lecowk 国際経済労働研究』11/12月号：25-35.

内山智尋（2020）「中国北京市の社区における高齢者養老サービス体制について」『福祉社会開発研究』第15号（日本福祉大学）：43-54.

内山智尋（2020）「『地域共生社会』の実現とコミュニティソーシャルワークの役割」『評論・社会科学』133号（同志社大学）：137-159.

右田紀久恵編著（1993）『自治型地域福祉の展開』法律文化社.

上野谷加代子編著（2020）『共生社会創造におけるソーシャルワークの役割』ミネルヴァ書房.

和田清美編著（2018）『現代福祉コミュニティ論』学文社.

Wang, L.-R. (2009) 'Asian Social Quality Indicators: What is Unique?' *Development and Society* 38 (2): 297-337.

横浜市（2017）「横浜型地域包括ケアシステムの構築にむけた行動指針」.

横浜市（2020）「第2期『横浜市まち・ひと・しごと創生総合戦略』」.

横浜市・横浜市社会福祉協議会（2018）「よこはま笑顔プラン（第4期横浜市地域福祉保健計画 2019-2023）」.

横浜市青葉区役所（2016）「第3期青葉区地域福祉保健計画 平成28年度-32年度」.

横浜市社会福祉協議会（2018）「個別支援と地域支援の融合Ⅱ」.

横浜市社会福祉協議会（2018）「第1層生活支援コーディネーター活動事例集」.

横浜市社会福祉協議会（2019）「地区社協のてびき」.

全国社会福祉協議会（1997）『小地域福祉活動の手引き』.

全国社会福祉協議会 地域福祉部（2003）「地域福祉活動計画策定指針」.

全国社会福祉協議会（2018）「地域共生社会の実現にむけた地域福祉計画の策定・改定ガイドブック」（厚労省調査研究事業）.

朱安新（2008）「『脱単位時代』における都市社区をめぐる社会学的研究の展開」『愛知大学国際中国学研究センター 2008年度国際シンポジウム報告書』（愛知大学）：253-266.


## ＜中国語＞

北京市民政局（2014）「北京市――養老照料中心建設三年行動計画」（https://www.

yanglaocn.com/shtml/20160225/145639974365410.html, 最終閲覧日：2020. 9. 16)

丁水木（1997）「論街道社区和社区行政」『社会学研究』5：14-18.

寶影(2020)「社区治理視角下城市老年人鄰里互助養老"預階段"的発展路径研究」『雲南民族大学学報』37(5)：83-87.

傅沂（2018）「基于城市居家養老模式昇級的城市社区管理転型探析」『智恵建設』China Academic Journal Electronic Publishing House: 9-12.

高紅（2016）『社区社会組織与城市基層合作治理』人民出版社.

葛藹霊・馮占聯（2019）『中国養老服務的政策選択：建設高効可持続的中国養老服務体系』中国財政経済出版社.

国家統計局（2021）「第七次全国人口普査」（www. stats. gov. cn/tjsj/zxfb/202105/t20210510_1817176. html, 最終閲覧日：2021. 6. 5)

李金娟（2019）『北京市社区養老照顧専業化資源配置研究』知識産権出版社.

李迎生・韓文瑞・黄建忠（2012）「中国社会工作教育的発展」『社会科学』5：82-90.

劉慧揚（2018）「社区居委会的職能定位研究」『瀋陽幹部学刊』20(6)：42-44.

劉婷婷（2020）「新時代民族互嵌式社区治理研究」『継続教育研究』4：28-32.

劉揚・邱珊（2020）「社区社会工作方法在城市社区文化養老中的実践」『山東農業工程学院学報』37（10）：97-103.

陸潔華・周明明　編著（2018）『北京養老産業藍皮書（北京在宅養老発展報告)』社会科学文献出版社.

譚日輝編著（2019）『中国社区発展報告（2018 ～ 2019)』社会科学文献出版社.

唐鈞（1990）「当前我国城市社区服務総議」『社会学研究』5：83-86.

向徳平・華汎子（2019）「中国社区建設的歴程、演進与展望」『中国中央党校学報』第23 巻第 3 期：106-113.

王兆鑫・叶彤汝・王亜君(2019)「社区養老服務多元供給主体的路径及整合研究」『西部経済管理論壇』30(5)：43-52.

楊団（2001）「社区公共服務設施託管的新模式」『社会学研究』3：77-86.

張継元（2018）「社区福祉核心概念和発展路径的中日比較」『社会保障評論』第 2 巻第 3期：133-147.

中共中央関于制定国民経済和社会発展第十四次五年規画和二〇三五年遠景目標的建議（2020）（http://news.cnr.cn/native/gd/20201103/t20201103_525318585.shtml, 最終閲覧日：2020. 12. 5)

中華人民共和国国家発展和改革委員会（2017）「城郷社区服務体系建設規画（2016-2020)」（https://www.ndrc.gov.cn/fggz/fzzlgh/gjjzxgh/201707/t20170707_1196830.

html, 最終閲覧日：2020. 6. 6）

中華人民共和国国民経済・社会発展第十二個五年計画綱要（2011）（http://www.gov. cn/2011lh/content_1825838_10.htm, 最終閲覧日：2021. 1. 6）

中華人民共和国国民経済・社会発展第十三個五年計画綱要（2016）（http://www.gov. cn/xinwen/2016-03/17/content_5054992.htm, 最終閲覧日：2021. 1. 6）

中華人民共和国国務院弁公庁（2013）「国務院関于加快発展養老服務業的若干意見」（http://www.gov.cn/xxgk/pub/govpublic/mrlm/201309/t20130913_66389.html, 最終閲覧日：2020. 2. 12）

中華人民共和国民政部（2016）「北京市社会工作十年発展報告」（http://mzzt.mca.gov. cn/article/sggzzsn/jlcl/201611/20161100887255.shtml, 最終閲覧日：2020. 2. 22）

中華人民共和国中央人民政府（2017）「中共中央国務院関于加強和完善城郷社区治理的意見」(http://www.gov.cn/zhengce/2017-06/12/content_5201910.htm, 最終閲覧日：2020. 5. 7）

中華人民共和国中央人民政府（2017）「国務院関于印発"十三五"国家老齢事業発展和養老体系建設規画的通知」（http://www.gov.cn/zhengce/content/2017-03/06/content5173930.htm?cid=357, 最終閲覧日：2020. 8. 16）

# ヒアリング調査用紙

## 1 －街道センター

　このヒアリング調査は、私が中国の高齢化対策を研究するうえで、社区における実態を明らかにするために実施するものです．この調査で得られた情報は私の論文以外の目的で使用することはありません．また、場所を特定できるような記述はいたしません．率直なご意見をお聞かせいただきますようどうぞよろしくお願い致します．


日時:2020 年　　　月　　　日
街道の名前：　　　　　　　　　　　　　　　管轄社区の数：
街道の人口：　　　　　　　高齢化率：　　　　　　　独居割合：
街道の特徴：
街道弁公室のスタッフ構成：（党員？）
生活環境、病院、施設数など：


1) 行政管理体制について
　（区の弁公室が上層機関？　日常的にどのような関係？　指導は定期的にある？）
2) 街道の年間活動計画のようなものはあるか？　評価はどのように実施されるか？
3) 社区とどのような連携、情報共有を行っているか？　定期的な報告があるか？
4) 街道の住民の課題や社区の課題をどのように把握するか？
5) 社区の住民の課題に対しどのように対処しているか？　解決策はどのように考えるか？
6) 照料中心は街道が管轄しているのか？　どのような管理体制になっているか？
7) 街道の財政はどのように支えられているのか？　予算が割り当てられるのか？
8) 街道の課題について

ヒアリング調査用紙

| 1 | 福祉ガバナンス体制が構築される | 1 地域の住民、団体や組織などが参加して定期的に会合が開かれているか？<br>2 地域住民、団体、組織などが中心となり地域の福祉課題などについて議論されるか？<br>3 地域住民、団体、組織の話し合いにより地域活動計画が立てられるか？<br>4 住民のニーズの内容を踏まえ、行政の新たな事業創設にむすびつけているか？ |
|---|---|---|
| 補足 | | ・住民の課題やニーズはどのように把握され吸い上げられているのか？<br>・誰でも意見がいえるような場や機会はあるのか？<br>・地域の課題解決にはどのような方法がとられるか？ |
| 2 | 地域活動にさまざまな方法で多くの住民が参加する | 1 多様な主体が参加しやすい多種多様な活動や事業がつくられているか？<br>2 住民が地域活動にアクセスしやすいか？<br>3 多様な地域活動への参加の方法が示されているか？（募金、場所の提供など）<br>4 地域活動に参加する住民が増えているか？ |
| 補足 | | ・高齢者が増える中、地域活動で工夫していることはあるか？<br>・引きこもりの高齢者等に対してはどう対応しているか？ |
| 3 | ボランティア活動が活発になる | 1 ボランティアに参加する住民が増加しているか？<br>2 ボランティア活動について相談しやすい体制がつくられているか？<br>3 ボランティア活動に応じて研修等が実施されているか？<br>4 ボランティアを受け入れる住民が増加しているか？ |
| 補足 | | ・ボランティア活動を政府は快くサポートしているか？<br>・ボランティアによるサービス提供を住民はどう考えるか？<br>・今後ボランティア活動は活発になると考えるか？ |
| 4 | 地域において課題やニーズを把握、介入する機能が強化される | 1 住民からの福祉や地域に関する相談が増えているか？<br>2 地域の課題やニーズをキャッチする仕組みが地域においてつくられているか？<br>3 地域の課題に対し、住民と地域関係者との連携の仕組みが構築されているか？<br>4 住民むけの簡潔な福祉マニュアルが作成され、住民に配布されているか？ |
| 補足 | | ・認知症の高齢者に対する住民の反応は？　理解されているか？<br>・どこに相談するのか？ |
| 5 | 障害者や高齢者、外国人などの要援護者と住民の結びつきが強化される | 1 地域住民の要援護者に対する理解が深まっているか？<br>2 要援護者のネットワークがつくられているか？<br>3 地域活動に要援護者の人たちが参加しやすい環境がつくられているか？ |
| 補足 | | ・地域に住む障害者はどのような生活を送っているか？<br>・出稼ぎ労働者と地元住民の交流の機会はつくられているか？ |
| 6 | 地域のマネジメント力が強化される | 1 地域マネジメント体制が築かれているか？<br>2 地域の状況に対するモニタリング会議が定期的に実施されているか？ |
| 補足 | | ・住民が地域の状況について理解する機会はあるか？ |

| 7 | 住民の主体形成機能が強化される（社会力量、住民自治を政府は推進している） | 1 | 住民懇談会などが開催されているか？ |
| | | 2 | 住民懇談会のテーマが住民により決められているか？ |
| | | 2 | 住民の意志や考えを自由に発言しそれが尊重されているか？ |
| | | 3 | 主体性を高めるためのセミナーや研修会の内容が理解されているか？ |
| 補足 | | ・住民の集まりなどはあるか？ | |
| 8 | CSW が地域において住民のエンパワーメントを促す役割を果たす | 1 | CSW の地域や住民に対する理解が深まっているか？ |
| | | 2 | 現場において CSW が役割を発揮する機会が与えられているか？ |
| | | 3 | CSW がスキルアップする機会が与えられているか？ |
| 補足 | | ・ソーシャルワーカーは何人ぐらいいるか？（社会工作） | |
| | | ・家庭保健員はいるか？ケアワーカーは？　資格をもった職員は？ | |
| 9 | 地域の状況が広報を通じて住民に理解される | 1 | 多様な広報形式が活用されているか？(IT なども含む) |
| | | 2 | 多様なバックグラウンドをもつ住民にわかりやすい広報が行われているか？（障害者、出稼ぎ労働者、高齢者など） |
| | | 3 | 地域について興味や知識をもつ住民が増えているか？ |
| 10 | まちの資源を活かしたまちづくりが行われる | 1 | 地域に誰もが集まりやすい拠点がつくられているか？ |
| | | 2 | 自分たちの住む地域の魅力を住民が理解しているか？ |
| | | 3 | 地域の社会資源が充分に活用されているか？ |
| | | 4 | 地域経済が循環するしくみがつくられているか？ |
| 11 | 個別支援が地域支援につながり課題解決の仕組みができているか | | |

## 2 −社区居民委員会

　このヒアリング調査は、私が中国の高齢化対策を研究するうえで、社区における実態を明らかにするために実施するものです．この調査で得られた情報は私の論文以外の目的で使用することはありません．また、場所を特定できるような記述はいたしません．率直なご意見をお聞かせいただきますようどうぞよろしくお願い致します．

日時:2020 年　　月　　日

社区の名前：　　　　　　　　　　　　　　　　街道弁の名前：

社区の人口：　　　　　　　　高齢化率：　　　　　　　独居：

社区の特徴：

ヒアリング調査用紙

社区居民委員会のスタッフ構成：（党員？）

生活環境、病院、施設数など：

1）街道弁公室との関係、連携体制について（どのくらいの頻度で会議、報告、情報共
  有）
2）社区にある団体や組織などの社会資源はどのようなものがあるか？
3）社区ステーション（駅站）との連携状況について
4）居民委員会の役割をどう考えているか？
5）居民委員会の仕事のやりがいをどう感じているか？
6）居民委員会の直面する課題や問題について

| 1 | 福祉ガバナンス体制が構築される | 1 地域の住民、団体や組織などが参加して定期的に会合が開かれているか？<br>2 地域住民、団体、組織などが中心となり地域の福祉課題などについて議論されるか？<br>3 地域住民、団体、組織の話し合いにより地域活動計画が立てられるか？<br>4 住民のニーズの内容を踏まえ、行政の新たな事業創設にむすびつけているか？ |
|---|---|---|
| 補足 | | ・住民の課題やニーズはどのように把握され吸い上げられているのか？<br>・誰でも意見がいえるような場や機会はあるのか？<br>・地域の課題解決にはどのような方法がとられるか？ |
| 2 | 地域活動にさまざまな方法で多くの住民が参加する | 1 多様な主体が参加しやすい多種多様な活動や事業がつくられているか？<br>2 住民が地域活動にアクセスしやすいか？<br>3 多様な地域活動への参加の方法が示されているか？（募金、場所の提供など）<br>4 地域活動に参加する住民が増えているか？ |
| 補足 | | ・高齢者が増える中、地域活動で工夫していることはあるか？<br>・引きこもりの高齢者等に対してはどう対応しているか？ |
| 3 | ボランティア活動が活発になる | 1 ボランティアに参加する住民が増加しているか？<br>2 ボランティア活動について相談しやすい体制がつくられているか？<br>3 ボランティア活動に応じて研修等が実施されているか？<br>4 ボランティアを受け入れる住民が増加しているか？ |
| 補足 | | ・ボランティア活動を政府は快くサポートしているか？<br>・ボランティアによるサービス提供を住民はどう考えるか？<br>・今後ボランティア活動は活発になると考えるか？ |
| 4 | 地域において課題やニーズを把握、介入する機能が強化される | 1 住民からの福祉や地域に関する相談が増えているか？<br>2 地域の課題やニーズをキャッチする仕組みが地域においてつくられているか？<br>3 地域の課題に対し、住民と地域関係者との連携の仕組みが構築されているか？<br>4 住民むけの簡潔な福祉マニュアルが作成され、住民に配布されているか？ |
| 補足 | | ・認知症の高齢者に対する住民の反応は？　理解されているか？<br>・どこに相談するのか？ |

| 5 障害者や高齢者、外国人などの要援護者と住民の結びつきが強化される | 1 | 地域住民の要援護者に対する理解が深まっているか？ |
| | 2 | 要援護者のネットワークがつくられているか？ |
| | 3 | 地域活動に要援護者の人たちが参加しやすい環境がつくられているか？ |
| 補足 | | ・地域に住む障害者はどのような生活を送っているか？ |
| | | ・出稼ぎ労働者と地元住民の交流の機会はつくられているか？ |
| 6 地域のマネジメント力が強化される | 1 | 地域マネジメント体制が築かれているか？ |
| | 2 | 地域の状況に対するモニタリング会議が定期的に実施されているか？ |
| 補足 | | ・住民が地域の状況について理解する機会はあるか？ |
| 7 住民の主体形成機能が強化される（社会力量、住民自治を政府は推進している） | 1 | 住民懇談会などが開催されているか？ |
| | 2 | 住民懇談会のテーマが住民により決められているか？ |
| | 3 | 住民の意志や考えを自由に発言しそれが尊重されているか？ |
| | 4 | 主体性を高めるためのセミナーや研修会の内容が理解されているか？ |
| 補足 | | ・住民の集まりなどはあるか？ |
| 8 CSW が地域において住民のエンパワーメントを促す役割を果たす | 1 | CSW の地域や住民に対する理解が深まっているか？ |
| | 2 | 現場において CSW が役割を発揮する機会が与えられているか？ |
| | 3 | CSW がスキルアップする機会が与えられているか？ |
| 補足 | | ・ソーシャルワーカーは何人ぐらいいるか？（社会工作） |
| | | ・家庭保健員はいるか？　ケアワーカーは？　資格をもった職員は？ |
| 9 地域の状況が広報を通じて住民に理解される | 1 | 多様な広報形式が活用されているか？(IT なども含む) |
| | 2 | 多様なバックグラウンドをもつ住民にわかりやすい広報が行われているか？（障害者、出稼ぎ労働者、高齢者など） |
| | 3 | 地域について興味や知識をもつ住民が増えているか？ |
| 10 まちの資源を活かしたまちづくりが行われる | 1 | 地域に誰もが集まりやすい拠点がつくられているか？ |
| | 2 | 自分たちの住む地域の魅力を住民が理解しているか？ |
| | 3 | 地域の社会資源が充分に活用されているか？ |
| | 4 | 地域経済が循環する仕組みがつくられているか？ |
| 11 個別支援が地域支援につながり課題解決の仕組みができているか | | |

ヒアリング調査用紙

## 3 – 街道養老介護センター及び社区養老ステーション

　このヒアリング調査は、私が中国の高齢化対策を研究するうえで、社区における実態を明らかにするために実施するものです．この調査で得られた情報は私の論文以外の目的で使用することはありません．また、場所を特定できるような記述はいたしません．率直なご意見をお聞かせいただきますようどうぞよろしくお願い致します．

日時:2020 年　　月　　日
場所：_____

1．センターまたはステーション事業展開状況

1-1　どのような企業が運営をしているのか？（公設民営型？）

1-2　事業目的の設定などがあればそれはどのような内容か？

1-3　スタッフの数と構成メンバーの専門（看護師、介護師など）

1-4　センターまたはステーション施設の設計：何階建て、　　平方メートル

1-5　料金設定、会費の金額などはどのようになっているか？

1-6　サービス内容はどのようになっているか？　在宅支援もあるのか？

1-7　特徴ある事業は展開しているか？（スマート介護、医療と介護の結合など）

1-8　行政からの指導や委託状況はどのようになっているか？　コンセッション契約あり？

1-9　利用者の満足度などについて調査を実施しているか？

1-10　政府からの財政支援状況はどのようになっているか？　補助金なども含めて．

2．センターまたはステーションの地区の環境について

2-1　管轄地域の住民人口

2-2　高齢化率（60 歳以上、65 歳以上）

2-3　一人暮らし高齢者の数

2-4　出稼ぎ労働者や外国人などの人数

2-5　おおよその平均所得

2-6　病院、施設の数

2-7　生活環境（利便性）

2-8　その他特徴

*223*

3．センターまたはステーションのサービスについて

3-1　利用者の状況（住まい、介護度など）

3-2　医療サービスはあるか？　もしあればどんな内容なのか？

3-3　デイケアではどのような内容のサービスを提供しているか？

3-4　特徴ある有料サービスはどんなものがあるか？

3-5　訪問介護はあるか？　どのようなサービスを提供しているか？

3-6　リハビリはあるか？　どのようなサービスを提供しているか？

3-7　在宅高齢者の生活支援は行っているか？　どのような内容の支援を実施しているか？

3-8　緊急時の対応はあるか？　どのように対応しているか？

3-9　病院との連携はあるか？　もしあれば具体的な方法とは？

3-10　誰にでも開かれたステーションなのか？　認知症の高齢者は受け入れているか？

3-11　健康相談などは行っているか？　カウンセリングは実施しているか？

3-12　介護家族への支援などはあるか？

3-13　高齢者が知識や技術を学ぶ機会はあるか？

3-14　障害者に対するサービスはどのように展開されているか？


4．ガバナンスについて（社会の参与がどのような状況か？）

4-1　居民委員会や街道からの指導など行政との連携体制はどうなっているか？

4-2　地域福祉計画は存在するか？　存在すればどのように計画策定を行うのか？

4-3　地域の社会資源との連携はどのような状況か？　例えば、衛生ステーション、NPOなど

4-4　地域のステークホルダーはどんな人たちか？

4-5　住民にとり必要な情報は共有されているか？　その方法はどのようなものか？

4-6　住民は地域の情報、必要な情報をどのように得ているか？

4-7　住民からの要望や意見をどのように理解しているか？

4-8　住民からの要望をどのような形で実現しようとしているか？

4-9　地域支援に結びつけようという考えに対しどう思うか？


5．マネジメント状況

5-1　どのように運営管理をしているか？

5-2　サービスの質の確保のためになにか工夫はしているか？

5-3　スタッフの育成などはどのように行っているか？

5-4 住民のニーズはどのようなものだと考えるか？ 把握はどのように行うか？

5-5 活動のモニタリングなどは行っているのか？

5-6 提供されるサービスについてどのように評価しているか？

5-7 住民の満足度についてどのようにとらえているか？


6．住民同士の互助体制、主体性、ボランティアの参加状況など

6-1 近隣住民のボランティア活動はあるか？

6-2 住民同士の関係はどうか？

6-3 一般の住民は高齢者と触れ合う機会はあるか？

6-4 住民同士の活動グループのようなものはあるか？

6-5 ボランティア活動を支援する活動はしているか？


7．ソーシャルワーカーの仕事と活躍ぶりについて

7-1 ソーシャルワーカーは何人いる？

7-2 ソーシャルワーカーはどのような仕事をしているか？

7-3 ソーシャルワーカーは重要な役割を果たしているか？

7-4 ソーシャルワーカーのスキルアップはどのようにして行われるか？


8．その他

8-1 高齢者に対する虐待などの問題はあるか？ あった場合どのように対応しているか？


9．今後の計画

9-1 これから実施を計画している事業などはあるか？


10．課題

# あとがき

　本書は、私が2022年に同志社大学に提出した博士論文を修正、加筆したものである。中国は近年、介護保険のモデル事業を全国的に展開するなど、地域の状況に応じた体制整備を急ピッチで進めている。私は、人間が尊厳をもち幸せに人生を生ききるには、デジタル社会と言われる現在においても、やはり地域とのつながりは重要であると認識しており、それは中国であっても同様であると確信している。本書は比較研究という位置づけではなく、特にガバナンスや住民参加といった手法に基づいた日本の経験や教訓が、中国における今後の社区政策にとり参考になればという願いを込めて執筆したものである。

　私と中国のつき合いは大学時代の貧乏旅行をきっかけに始まり、語学留学を経て北京の日系企業に就職、その後北京の大学院で学び、JICA（日本国際協力機構）の仕事をするようになった。通算すると20年以上になるだろうか、人生の半分近く中国に関わっていたことになる。

　90年代から2000年代にかけて中国が急激な経済発展を遂げる中、農村と都市の格差は大きく広がり、都市には出稼ぎ労働者があふれ、教育、医療、環境等、社会問題は山積していた。そのような状況のなか、私は、2004年から貴州省においてJICAの貧困対策プロジェクトに5年間関わった。言葉も通じにくい農村地区での活動は、移動、生活、そしてプロジェクト活動の推進において苦労ばかりであったが、その分私をたくましく成長させてくれたと思う。そこでは、日本の戦後の生活改善活動を参考に、地域の課題や特性を地域住民自身が考えるワークショップや、伝統文化や行事を活かした生計向上のための取り組みなどを行った。日本の経験や教訓を徹底的に学び、中国が参考に出来そうな事例紹介を心がけた。そして、癖の強い中国人カウンターパートとのやりとりは順調とはいえなかったものの、プロジェクト終了時には泣いて別れを惜しむまでの関係になっていた。

　私はこれまで、JICA事業や名古屋市役所（コミュニティサポーター）では、

あとがき

直接現場に入り込む仕事が多かった。現場の仕事は楽しいが、同時に課題の原因、背景、事例、解決方法などもっと広く深く学びたいという思いが湧き上がり、学業と仕事を行ったり来たり、時には同時並行で行ってきた。博論のときもそうであった。

博論の執筆途中で中国にわたり、JICAの高齢化対策案件を担当しながら博論を書いていた。しかし、ちょうどその頃、仕事と博論の両立の難しさに悩み、論文執筆も思うように進まない現実に焦りを感じていた。それでもだらだらと中国生活を続ける私に対し、指導教員である埋橋孝文先生からお叱りを受け、結局仕事を辞め日本に戻り、博論に集中することになる。もしあの時、埋橋先生から厳しいことを言われなければ、きっと博論も中途半端に終わり、本書を出版する機会も得られなかったであろう。埋橋先生に心から感謝申し上げる。その他にも多くの先生方、仲間、友人の助けがあったからこそここまでこられたと思う。

そして、新型コロナが中国で発生した時、徹底した管理体制のもと不自由な生活を強いられた。そんな状況のなかでも現地調査を実施できたのは、私の長年の友人李氏のおかげであった。心から感謝を伝えたい。

この書籍を刊行するにあたり、明石書店の神野さん、寺澤さんには、なかなか作業が進まない私を辛抱強く見守っていただき、本当に助けられた。心からお礼を申し上げたい。

最後に、私が博論の執筆、そして書籍を刊行することができたのは、なんと言ってもいつも温かく応援してくれる私の両親とパートナーのおかげである。また、最愛の息子、凱智が空の上から私を励まし見守ってくれたからであると感じている。

2024年9月

## ［著者略歴］

### 内山 智尋（うちやま ちひろ）

同志社大学社会学研究科博士後期課程修了。博士（社会福祉学）。専門は地域福祉、国際協力、中国社会福祉など。これまで JICA（国際協力機構）や NGO で長年にわたり中国でさまざまなプロジェクトに関わる。日本福祉大学非常勤講師、名古屋市役所コミュニティサポーターを経て、2022年1月より静岡大学未来社会デザイン機構講師、東部サテライト専任。社会福祉士。主な論文として、「中国北京市の社区における高齢者養老サービス体制について ──ガバナンスと地域マネジメントの観点から」『福祉社会開発研究』2021年、日本福祉大学福祉社会開発研究センター編、「福祉コミュニティ形成のためのロジカル・フレームワークの考察」『評論・社会科学』138号、2021年、同志社大学人文学会編など。

## 中国の福祉コミュニティ形成
### ──ガバナンスと住民参加の視点からみる高齢者ケア

2024年10月15日　初版 第1刷発行

| | |
|---|---|
| 著者 | 内　山　智　尋 |
| 発行者 | 大　江　道　雅 |
| 発行所 | 株式会社 明石書店 |

〒101-0021 東京都千代田区外神田6-9-5
電話 03（5818）1171
FAX 03（5818）1174
振替 00100-7-24505
https://www.akashi.co.jp/

| | |
|---|---|
| 進行 | 寺澤正好 |
| 組版 | デルタネットデザイン・新井満 |
| 装丁 | 明石書店デザイン室 |
| 印刷 | 株式会社文化カラー印刷 |
| 製本 | 本間製本株式会社 |

（定価はカバーに表示してあります）　　　　ISBN978-4-7503-5832-1

**JCOPY** 〈出版者著作権管理機構　委託出版物〉
本書の無断複製は著作権上での例外を除き禁じられています。複製される場合は、そのつど事前に、出版者著作権管理機構（電話 03-5244-5088、FAX03-5244-5089、e-mail: info@jcopy.or.jp）の許諾を得てください。

# 福祉政策研究入門
## 政策評価と指標
### 〈1〉少子高齢化のなかの福祉政策
### 〈2〉格差と不利／困難のなかの福祉政策

埋橋孝文［編著］

◎A5判／上製／〈1〉224頁・〈2〉196頁　◎各巻3,000円

福祉政策研究の分野ではこれまで明確な政策評価がなされてこなかったが、本シリーズではインプット−生産−アウトプット−アウトカムという福祉政策の各段階に即し、その難題に挑む。第1巻は、少子高齢化のなかでの高齢者と子どもを対象とした政策を扱う。第2巻は、格差と不利／困難のなかでの障害者・生活困窮者政策を扱う。

●内容構成

〈第1巻〉

序章　福祉の政策評価をどう進めるべきか
　　　　　　　　　　　　　　　　　　［埋橋孝文］
**第1部　高齢者福祉の政策評価**
【1】介護保険制度の政策評価
第1章　日本の介護保険制度に関する
　　　　政策評価　　　　　　　　　　　　［郭芳］
第2章　韓国における老人長期療養保険
　　　　制度の政策評価　　　　　　　　［崔銀珠］
【2】高齢者福祉サービスの政策評価
第3章　介護人材確保をめぐる政策の課題
　　　　　　　　　　　　　　　　　　　［任セア］
第4章　介護サービスの質の評価　　　［鄭熙聖］
第5章　介護サービスの質の評価をめぐる
　　　　近年の議論と課題　　　　　　　［李宣英］
**第2部　子ども福祉の政策評価**
第6章　少子化社会対策をひもとく
　　　　　　［石田慎二・田中弘美・遠藤希和子］
第7章　子どもの貧困を捉える指標の再検討
　　　　　　　　　　　　　　　　　　　［矢野裕俊］
第8章　子どもの貧困対策としての教育政策
　　　　の実施過程における課題［柏木智子］
第9章　子どもの貧困対策の指標を考える
　　　　　　　　　　　　　　　　　　　［埋橋孝文］

〈第2巻〉

**第1部　日本における格差と不利／困難**
第1章　日本における社会保障制度の所得
　　　　再分配機能　［埋橋孝文・楊慧敏・孫琳］
障害者と生活困窮者に関わる福祉政策
第2章　サービス供給モデルの特性に基づく
　　　　政策評価の試み　　　　　　　［山村りつ］
第3章　なぜ評価に目が向かないのか？
　　　　　　　　　　　　　　　　　　　［廣野俊輔］
第4章　生活困窮者就労支援の成果指標
　　　　をめぐって　　　　　　　　　　［五石敬路］
第5章　支援の「はざま」をめぐる政策目的と
　　　　評価　　　　　　　　　　　　　［佐藤愛佳］
**第2部　東アジア／取り組みの最前線**
【1】韓国の経験と実験
第6章　社会保障制度改革の政策的文脈
　　　　　　　　　　　　　　　　　　　［金成垣］
第7章　ソウル市青年ベーシックインカムの
　　　　政策実験　　　　　　　　　　　［崔榮駿］
【2】中国における格差問題と政策的対応
第8章　中国の貧困政策に対する
　　　　セオリー評価　　　　　　　　　　［朱珉］
第9章　曖昧な規制における中国助成財団
　　　　　　　　　　　　　　　　　　　　［史邁］

〈価格は本体価格です〉

# 都市高齢者の介護・住まい・生活支援
福祉地理学から問い直す地域包括ケアシステム
宮澤仁著　◎3600円

# 高齢者の社会的孤立と地域福祉
計量的アプローチによる測定・評価・予防策
斉藤雅茂著　◎3600円

# 高齢期における社会的ネットワーク
ソーシャル・サポートと社会的孤立の構造と変動
中田知生著　◎3500円

# 高齢者福祉概説【第5版】
黒田研二、清水弥生、佐瀬美恵子編著　◎2500円

# 介護職の専門性と質の向上は確保されるか
実践現場での人材育成の仕組みづくりに関する研究
任セア著　◎3300円

# 介護人類学事始め　生老病死をめぐる考現学
林美枝子著　◎2700円

# 改正介護保険実務ガイド　[自治体][事業者][利用者・市民]のための対応マニュアル
田中尚輝・奈良県著
認定NPO法人市民福祉団体全国協議会監修　◎2800円

# 介護保険と階層化・格差化する高齢者
人は生きてきたようにしか死ねないのか
水野博達著　◎2700円

---

# 東アジア都市の社会開発
貧困・分断・排除に立ち向かう包摂型政策と実践
全泓奎・志賀信夫編著　◎3000円

# 中国の弱者層と社会保障　「改革開放」の光と影
埋橋孝文、于洋、徐栄編著　◎3800円

# 中国の家族とジェンダー
社会主義的近代化から転形期における女性のライフコース
坂部晶子編著　◎4000円

# 中国農村地域における高齢者福祉サービス
小規模多機能ケアの構築に向けて
郭芳著　◎4500円

# 介護サービスへのアクセスの問題
介護保険制度における利用者調査・分析
李恩心著　◎4000円

# 高齢者の「住まいとケア」からみた地域包括ケアシステム
中田雅美著　◎4200円

# 台湾の外国人介護労働者
雇用主・仲介業者・労働者による選択とその課題
鄭安君著　◎3500円

# 介護現場の外国人労働者
日本のケア現場はどう変わるのか
塚田典子編著　◎3800円

〈価格は本体価格です〉

# 中国の介護保険構想

## 持続可能な制度構築へ向けた政策分析

楊慧敏 著

■Ａ５判／上製／208頁 ◎3500円

少子高齢化が急速に進む中国では、家族による介護が崩壊し、要介護高齢者の福祉への関心が高まっている。政府は高齢者福祉に関連する法律や政策などの整備に力を入れるようになった。本書は介護保険を扱い、中国の高齢者福祉の方向性を考察していく。

●内容構成●

序　章　中国の介護保険研究──その到達点と課題

**第Ⅰ部　パイロット事業を推進している15地域の介護保険制度**

第1章　パイロット事業が提示された背景およびプロセス

第2章　制度内容が多様性に富む15地域

第3章　類型化と日本との比較からみる15地域の介護保険の特徴

**第Ⅱ部　中国における持続可能な介護保険制度の枠組みの提起**

第4章　介護保険制度の「持続可能性」の定義および諸要素

第5章　持続可能な介護保険制度の枠組みの提起

終　章　中国における持続可能な介護保険制度の構築の方向性

---

# アジアにおける高齢者の生活保障

## 持続可能な福祉社会を求めて

金成垣、大泉啓一郎、松江暁子 著

■Ａ５判／上製／240頁 ◎3200円

日本を上回る勢いで急速に高齢化を経験しているアジア諸国。本書は主に、高齢者の生活を支える各国のフォーマル・インフォーマル両面の制度体系に焦点をあて、韓国の経験を中心として、「持続性」を重視したアジア諸国の取り組みを比較し紹介・分析する。

●内容構成●

序章　アジアにおける高齢化と高齢社会対策をどうみるか

**第Ⅰ部　アジアにおける高齢化と高齢者の生活保障**

老いていくアジアのなかの韓国／高齢者の生活保障にみる韓国的特質

**第Ⅱ部　韓国的特質の諸相**

高齢者雇用と社会活動支援事業の展開／ソウル市蘆原区における高齢者の生活と生活保障／蘆原老人福祉館・月渓福祉館の「美しい隣人」事業／月渓福祉館の低所得高齢者向け福祉サービス

**第Ⅲ部　アジア諸国の事例**

シンガポール／タイ／ベトナム／台湾／日本

終章　アジアから考える高齢社会の展望

〈価格は本体価格です〉